RECETTES INDIENNES AVEC AMOUR 2022

RECETTES INDIENNES AUTHENTIQUES ET TRADITIONNELLES

POUR DÉBUTANTS

AISHA SING

Table des matières

Beignets de banane épicés..18

    Ingrédients..18

    Méthode..18

Masala Dosa..19

    Ingrédients..19

    Méthode..19

Kebab de soja..21

    Ingrédients..21

    Méthode..22

Semoule Idli..23

    Ingrédients..23

    Méthode..24

Escalope aux œufs et aux pommes de terre..25

    Ingrédients..25

    Méthode..25

Chivda..26

    Ingrédients..26

    Méthode..27

Pain Bhajjia..28

    Ingrédients..28

    Méthode..28

Masala d'œuf..29

    Ingrédients..29

Méthode 30

Pakoda aux crevettes 31

Ingrédients 31

Méthode 31

Croquants au Fromage 33

Ingrédients 33

Méthode 34

Mysore Bonda 35

Ingrédients 35

Méthode 35

Radhaballabhi 36

Ingrédients 36

Méthode 36

Médou Vada 38

Ingrédients 38

Méthode 38

Omelette Tomate 39

Ingrédients 39

Méthode 40

Bhurji aux œufs 41

Ingrédients 41

Méthode 42

Côtelette d'oeufs 43

Ingrédients 43

Méthode 44

Jhal Mudi 45

Ingrédients 45

Méthode 45

Tofu Tikka 46

Ingrédients 46

Pour la marinade : 46

Méthode 46

Aloo Kabli 48

Ingrédients 48

Méthode 48

Omelette Masala 49

Ingrédients 49

Méthode 50

Cacahuètes Masala 51

Ingrédients 51

Méthode 51

Oued de Kothmir 52

Ingrédients 52

Méthode 53

Rouleaux de riz et de maïs 54

Ingrédients 54

Méthode 54

Côtelette Dahi 55

Ingrédients 55

Méthode 55

Uthappam 57

Ingrédients 57

Méthode 57

Koraishutir Kochuri 58

Ingrédients 58

Méthode 58

Kanda Vada 60

Ingrédients 60

Méthode 60

Aloo Tuk 61

Ingrédients 61

Méthode 61

Escalope à la noix de coco 63

Ingrédients 63

Méthode 63

Dhokla aux germes de mungo 65

Ingrédients 65

Méthode 65

Paneer Pakoda 66

Ingrédients 66

Méthode 67

Pain de viande indien 68

Ingrédients 68

Méthode 69

Paneer Tikka 70

Ingrédients 70

Pour la marinade : 70

Méthode 71

Escalope de Paneer 72

Ingrédients 72

Méthode 73

Dhal ke Kebab 74

    Ingrédients 74

    Méthode 74

Boulettes de riz salées 75

    Ingrédients 75

    Méthode 75

Rouleau de roti nutritif 76

    Ingrédients 76

    Pour les rotis : 76

    Méthode 77

Kebab au poulet et à la menthe 78

    Ingrédients 78

    Méthode 79

Chips Masala 80

    Ingrédients 80

    Méthode 80

Samosa aux légumes mélangés 81

    Ingrédients 81

    Pour la pâtisserie : 81

    Méthode 82

Rouleaux Hachés 83

    Ingrédients 83

    Méthode 84

Golli Kebab 85

    Ingrédients 85

    Méthode 86

Mathis 87

Ingrédients..87

Méthode 87

Poha Pakoda 88

Ingrédients..88

Méthode 89

Hariyali Murgh Tikka 90

Ingrédients..90

Pour la marinade : 90

Méthode 91

Boti Kebab 92

Ingrédients..92

Méthode 93

Tchat...94

Ingrédients..94

Méthode 95

Dosa à la noix de coco 96

Ingrédients..96

Méthode 96

Galettes de fruits secs 97

Ingrédients..97

Méthode 97

Dosa de riz cuit...99

Ingrédients..99

Méthode 100

Galettes de bananes non mûres 101

Ingrédients...101

Méthode 102

Sooji Vada 103

    Ingrédients 103

    Méthode 104

Bouchées salées aigre-douce 105

    Ingrédients 105

    Pour les muthias : 105

    Méthode 106

Galettes de crevettes 107

    Ingrédients 107

    Méthode 108

Kebab Reshmi 109

    Ingrédients 109

    Méthode 109

Délice de blé concassé 110

    Ingrédients 110

    Méthode 111

Methi Dhokla 112

    Ingrédients 112

    Méthode 113

Galettes De Petits Pois 114

    Ingrédients 114

    Méthode 115

Nimki 116

    Ingrédients 116

    Méthode 117

Dahi Pakoda Chaat 118

    Ingrédients 118

Méthode 118

Pâte De Poisson Frit 120

Ingrédients... 120

Méthode 121

Caldine de poisson 122

Ingrédients... 122

Méthode 123

Crevettes et œuf au curry 124

Ingrédients... 124

Méthode 125

Poisson taupe 126

Ingrédients... 126

Méthode 126

Crevettes Bharta 128

Ingrédients... 128

Méthode 129

Poisson & Légumes Épicés.. 130

Ingrédients... 130

Méthode 131

Escalope de maquereau 132

Ingrédients... 132

Méthode 133

Crabe Tandoori 134

Ingrédients... 134

Méthode 134

Poisson Farci 135

Ingrédients... 135

Méthode 136

Curry de crevettes et chou-fleur.. 137

Ingrédients.. 137

Pour le mélange d'épices :... 137

Méthode 138

Palourdes Sautées.. 139

Ingrédients.. 139

Méthode 140

Crevettes Frites... 141

Ingrédients.. 141

Méthode 142

Maquereau en sauce tomate 143

Ingrédients.. 143

Méthode 144

Konju Ullaruathu... 145

Ingrédients.. 145

Méthode 146

Chemeen Manga Curry 147

Ingrédients.. 147

Méthode 148

Frites Machchi simples... 149

Ingrédients.. 149

Méthode 149

Machher Kalia 150

Ingrédients.. 150

Méthode 151

Poisson frit dans un oeuf.. 152

11

Ingrédients 152

Méthode 152

Lau Chingri 153

Ingrédients 153

Méthode 154

Poisson Tomate 155

Ingrédients 155

Méthode 156

Chingri Machher Kalia 157

Ingrédients 157

Méthode 157

Poisson Tikka Kebab 158

Ingrédients 158

Méthode 158

Escalope Chingri Machher 159

Ingrédients 159

Méthode 160

Poisson cuit 161

Ingrédients 161

Méthode 161

Crevettes aux poivrons verts 162

Ingrédients 162

Méthode 162

Machher Jhole 163

Ingrédients 163

Méthode 164

Machher Paturi 165

Ingrédients 165

Méthode 166

Chingri Machher Shorsher Jhole 167

Ingrédients 167

Méthode 168

Curry de crevettes et pommes de terre 169

Ingrédients 169

Méthode 170

Taupe de crevettes 171

Ingrédients 171

Méthode 172

Poisson Koliwada 173

Ingrédients 173

Méthode 174

Rouleau de poisson et pommes de terre 175

Ingrédients 175

Méthode 176

Crevette Masala 177

Ingrédients 177

Méthode 178

Poisson à l'ail 179

Ingrédients 179

Méthode 179

Riz aux pommes de terre 180

Ingrédients 180

Pour les boulettes : 180

Méthode 181

Pulao aux légumes 182

    Ingrédients...182

    Méthode 183

Kachche Gosht ki Biryani 184

    Ingrédients...184

    Pour la marinade : 184

    Méthode 185

Achari Gosht ki Biryani 187

    Ingrédients...187

    Méthode 188

Yakhni Pulao 190

    Ingrédients...190

    Méthode 191

Hyderabadi Biryani..193

    Ingrédients...193

    Pour le mélange d'épices : 193

    Méthode 194

Biryani aux légumes 195

    Ingrédients...195

    Méthode 196

Kale Moti ki Biryani 198

    Ingrédients...198

    Méthode 199

Haché & Masoor Pulao..201

    Ingrédients...201

    Méthode 202

Poulet Biryani..203

Ingrédients...203

Pour la marinade :..203

Méthode...204

Biryani aux crevettes...206

Ingrédients...206

Pour le mélange d'épices :...206

Méthode...207

Biryani de pommes de terre aux œufs..209

Ingrédients...209

Pour la pâte :...210

Méthode...210

Émincer le poulao 212

Ingrédients...212

Méthode...213

Chana Pulao...214

Ingrédients...214

Méthode...214

Khichdi simple..216

Ingrédients...216

Méthode...216

Riz Masala...217

Ingrédients...217

Méthode...218

Riz à l'Oignon 219

Ingrédients...219

Méthode...219

Riz à la vapeur...221

Ingrédients...221

Méthode 221

Beignets de banane épicés

Ingrédients

4 bananes non mûres

125g/4½oz besan*

75 ml d'eau

½ cuillère à café de piment en poudre

cc de curcuma

½ cuillère à café d'amchoor*

Sel au goût

Huile végétale raffinée pour la friture

Méthode

- Cuire les bananes dans leur peau à la vapeur pendant 7 à 8 minutes. Peler et trancher. Mettre de côté.

- Mélanger tous les ingrédients restants, sauf l'huile, pour former une pâte épaisse. Mettre de côté.

- Faites chauffer l'huile dans une poêle. Tremper les tranches de banane dans la pâte et faire frire à feu moyen jusqu'à ce qu'elles soient dorées.

- Servir chaud avec un chutney de menthe

Masala Dosa

(Crêpe farcie aux pommes de terre épicées)

Donne 10-12

Ingrédients

2 cuillères à soupe d'huile végétale raffinée

½ cuillère à soupe d'urad dhal*

½ cuillère à café de graines de cumin

½ cuillère à café de graines de moutarde

2 gros oignons, tranchés finement

cc de curcuma

Sel au goût

2 grosses pommes de terre, bouillies et hachées

1 cuillère à soupe de feuilles de coriandre hachées

Sada dosa fraîche

Méthode

- Chauffer l'huile dans une casserole. Ajouter l'urad dhal, le cumin et les graines de moutarde. Laissez-les crachoter pendant 15 secondes. Ajouter les oignons et faire revenir jusqu'à ce qu'ils soient translucides.

- Ajouter le curcuma, le sel, les pommes de terre et les feuilles de coriandre. Bien mélanger et retirer du feu.

- Placer une cuillère à soupe de ce mélange de pommes de terre au centre de chaque sada dosa.

- Pliez en triangle pour couvrir le mélange de pommes de terre. Servir chaud avec un chutney de noix de coco

Kebab de soja

Donne 2

Ingrédients

500g/1lb 2oz de pépites de soja, trempées pendant la nuit

1 oignon, haché finement

3-4 gousses d'ail

2.5 cm/1in racine de gingembre

1 cc de jus de citron

2 cuillères à café de feuilles de coriandre, hachées

2 cuillères à soupe d'amandes trempées et effilées

½ cuillère à café de garam masala

½ cuillère à café de piment en poudre

1 cuillère à café de chaat masala*

Huile végétale raffinée pour la friture peu profonde

Méthode

- Égoutter les pépites de soja. Ajouter tous les ingrédients restants, sauf l'huile. Broyer en une pâte épaisse et réfrigérer pendant 30 minutes.

- Répartissez le mélange en boules de la taille d'une noix et aplatissez-les.

- Faites chauffer l'huile dans une poêle. Ajouter les brochettes et les faire frire jusqu'à ce qu'elles soient dorées. Servir chaud avec un chutney de menthe

Semoule Idli

(Gâteau de semoule)

Donne 12

Ingrédients

4 cuillères à café d'huile végétale raffinée

150g/5½oz de semoule

120 ml de crème sure

cc de graines de moutarde

cc de graines de cumin

5 piments verts, hachés

1 cm/½ po de racine de gingembre, râpé

4 cuillères à soupe de feuilles de coriandre, hachées finement

Sel au goût

4-5 feuilles de curry

Méthode

- Faites chauffer 1 cuillère à café d'huile dans une casserole. Ajouter la semoule et faire revenir 30 secondes. Ajouter la crème sure. Mettre de côté.

- Faites chauffer le reste d'huile dans une poêle. Ajouter les graines de moutarde, les graines de cumin, les piments verts, le gingembre, les feuilles de coriandre, le sel et les feuilles de curry. Faire sauter pendant 2 minutes.

- Ajoutez-le au mélange de semoule. Laisser reposer 10 minutes.

- Verser le mélange de semoule dans des moules à idli ou des moules à cupcake graissés. Cuire à la vapeur pendant 15 minutes. Retirer des moules. Servir chaud.

Escalope aux œufs et aux pommes de terre

Pour 4 personnes

Ingrédients

4 œufs durs, en purée

2 pommes de terre, bouillies et écrasées

½ cuillère à café de poivre noir moulu

2 piments verts, hachés

1 cm/½ po de racine de gingembre, haché finement

2 gousses d'ail, hachées finement

½ cuillère à café de jus de citron

Sel au goût

Huile végétale raffinée pour la friture peu profonde

Méthode

- Mélanger tous les ingrédients, sauf l'huile.

- Diviser en boules de la taille d'une noix et presser pour former des escalopes.

- Chauffer l'huile dans une casserole. Ajouter les escalopes et faire frire jusqu'à ce qu'elles soient dorées.

- Servir chaud.

Chivda

(Mélange de Riz Battu)

Pour 4 personnes

Ingrédients

2 cuillères à soupe d'huile végétale raffinée

1 cc de graines de moutarde

½ cuillère à café de graines de cumin

½ cuillère à café de curcuma

8 feuilles de curry

750g/1lb 10oz poha*

125g/4½oz de cacahuètes

75g/2½oz de chana dhal*, rôti

1 cuillère à soupe de sucre en poudre

Sel au goût

Méthode

- Chauffer l'huile dans une casserole. Ajouter les graines de moutarde, les graines de cumin, le curcuma et les feuilles de curry. Laissez-les crachoter pendant 15 secondes.

- Ajouter tous les ingrédients restants et faire sauter pendant 4 à 5 minutes à feu doux.

- Laisser refroidir complètement. conserver dans une caisse hermétiquement fermée.

REMARQUE: *Celui-ci peut être conservé jusqu'à 15 jours.*

Pain Bhajjia

(Beignets de pain)

Pour 4 personnes

Ingrédients

85g/3oz de farine de maïs

1 oignon, haché finement

½ cuillère à café de piment en poudre

1 cc de coriandre moulue

Sel au goût

75 ml d'eau

8 tranches de pain, coupées en quatre

Huile végétale raffinée pour la friture

Méthode

- Mélanger tous les ingrédients, sauf le pain et l'huile, pour faire une pâte épaisse.

- Faites chauffer l'huile dans une poêle. Tremper les morceaux de pain dans la pâte et les faire frire jusqu'à ce qu'ils soient dorés.

- Servir chaud avec du ketchup ou du chutney à la menthe.

Masala d'œuf

Pour 4 personnes

Ingrédients

2 petits oignons, hachés

2 piments verts, hachés

2 cuillères à soupe d'huile végétale raffinée

1 cuillère à café de pâte de gingembre

1 cuillère à café de pâte d'ail

1 cuillère à café de piment en poudre

½ cuillère à café de curcuma

1 cc de coriandre moulue

1 cuillère à café de cumin moulu

½ cuillère à café de garam masala

2 tomates, hachées finement

2 cuillères à soupe de besan*

Sel au goût

25 g/peu de feuilles de coriandre, hachées finement

8 œufs, bouillis et coupés en deux

Méthode

- Broyer les oignons hachés et les piments verts ensemble pour faire une pâte grossière.

- Chauffer l'huile dans une casserole. Ajoutez cette pâte avec la pâte de gingembre, la pâte d'ail, la poudre de piment, le curcuma, la coriandre moulue, le cumin moulu et le garam masala. Bien mélanger et faire frire pendant 3 minutes en remuant continuellement.

- Ajouter les tomates et faire revenir 4 minutes.

- Ajouter le besan et le sel. Bien mélanger et faire revenir encore une minute.

- Ajouter les feuilles de coriandre et faire revenir encore 2-3 minutes à feu moyen.

- Ajouter les œufs et mélanger délicatement. Le masala doit bien couvrir les œufs de tous les côtés. Cuire à feu doux pendant 3-4 minutes.

- Servir chaud.

Pakoda aux crevettes

(Snack de crevettes frites)

Pour 4 personnes

Ingrédients

250 g de crevettes roses décortiquées et déveinées

Sel au goût

375g/13oz besan*

1 cuillère à café de pâte de gingembre

1 cuillère à café de pâte d'ail

½ cuillère à café de curcuma

1 cuillère à café de garam massala

150 ml/5 fl oz d'eau

Huile végétale raffinée pour la friture

Méthode

- Faire mariner les crevettes avec le sel pendant 20 minutes.
- Ajouter le reste des ingrédients, sauf l'huile.
- Ajouter suffisamment d'eau pour former une pâte épaisse.
- Chauffer l'huile dans une casserole. Ajouter de petites cuillerées de pâte et faire frire à feu moyen jusqu'à ce

qu'elles soient dorées. Égoutter sur du papier absorbant.

- Servir chaud avec un chutney à la menthe.

Croquants au Fromage

Ingrédients

2 cuillères à soupe de farine blanche nature

240 ml/8 fl oz de lait

4 cuillères à soupe de beurre

1 oignon de taille moyenne, haché finement

Sel au goût

150g/5½oz de fromage de chèvre, égoutté

150g/5½oz de cheddar, râpé

12 tranches de pain

2 œufs, battus

Méthode

- Mélanger la farine, le lait et 1 cuillère à café de beurre dans une casserole. Porter à ébullition en veillant à ce qu'aucun grumeau ne se forme. Laisser mijoter jusqu'à ce que le mélange épaississe. Mettre de côté.
- Faites chauffer le reste du beurre dans une casserole. Faire revenir l'oignon à feu moyen jusqu'à ce qu'il soit tendre.
- Ajouter le sel, le fromage de chèvre, le cheddar et le mélange de farine. Mélangez bien et mettez de côté.
- Beurrer les tranches de pain. Étaler une cuillerée du mélange de fromage sur 6 tranches et couvrir avec les 6 autres tranches.
- Badigeonner le dessus de ces sandwichs avec l'œuf battu.
- Cuire au four préchauffé à 180 °C (350 °F/thermostat 6) pendant 10 à 15 minutes jusqu'à ce qu'ils soient dorés. Servir chaud avec du ketchup.

Mysore Bonda

(Dumpling à la farine frite de l'Inde du Sud)

Donne 12

Ingrédients

175g/6oz de farine blanche nature

1 petit oignon, haché finement

1 cuillère à soupe de farine de riz

120 ml de crème sure

Pincée de bicarbonate de soude

2 cuillères à soupe de feuilles de coriandre hachées

Sel au goût

Huile végétale raffinée pour la friture

Méthode

- Préparez la pâte en mélangeant tous les ingrédients, sauf l'huile, ensemble. Mettre de côté pendant 3 heures.
- Faites chauffer l'huile dans une poêle. Déposez-y des cuillerées de pâte et faites frire à feu moyen jusqu'à ce qu'elles soient dorées. Servir chaud avec du ketchup.

Radhaballabhi

(rouleaux salés bengali)

Donne 12-15

Ingrédients

4 cuillères à soupe de mung dhal*

4 cuillères à soupe de chana dhal*

4 clous de girofle

3 gousses de cardamome verte

½ cuillère à café de graines de cumin

3 cuillères à soupe de ghee plus un supplément pour la friture

Sel au goût

350g/12oz de farine blanche nature

Méthode

- Faire tremper les dhals pendant la nuit. Égoutter l'eau et réduire en pâte. Mettre de côté.
- Broyer ensemble les clous de girofle, la cardamome et les graines de cumin.
- Faites chauffer 1 cuillère à soupe de ghee dans une poêle. Faites frire les épices moulues pendant 30

secondes. Ajouter la pâte de dhal et le sel. Faire sauter à feu moyen jusqu'à ce qu'il soit sec. Mettre de côté.

- Pétrir la farine avec 2 cuillères à soupe de ghee, du sel et suffisamment d'eau pour faire une pâte ferme. Répartissez en boules de la taille d'un citron. Rouler en disques et placer des boules de dhal frit au centre de chacun. Sceller comme une poche.

- Rouler les sachets en puris épais, chacun de 10 cm de diamètre. Mettre de côté.

- Faites chauffer le ghee dans une casserole. Faites frire les puris jusqu'à ce qu'ils soient dorés.

- Égoutter sur du papier absorbant et servir chaud.

Médou Vada

(Gâteaux de lentilles frits)

Pour 4 personnes

Ingrédients

300g/10oz urad dhal*, trempé pendant 6 heures

Sel au goût

¼ cuillère à café d'asafoetida

8 feuilles de curry

1 cuillère à café de graines de cumin

1 cuillère à café de poivre noir moulu

Légume raffiné pour la friture

Méthode

- Égoutter l'urad dhal et broyer en une pâte épaisse et sèche.
- Ajouter tous les ingrédients restants, sauf l'huile, et bien mélanger.
- Mouillez vos paumes. Faire une boule de la taille d'un citron avec la pâte, l'aplatir et faire un trou au centre comme un beignet. Répétez pour le reste de la pâte.
- Faites chauffer l'huile dans une poêle. Faites frire les vadas jusqu'à ce qu'ils soient dorés.
- Servir chaud avec du sambhar.

Omelette Tomate

Donne 10

Ingrédients

2 grosses tomates, hachées finement

180g/6½oz de besan*

85g/3oz de farine complète

2 cuillères à soupe de semoule

1 gros oignon, haché finement

½ cuillère à café de pâte de gingembre

½ cuillère à café de pâte d'ail

cc de curcuma

½ cuillère à café de piment en poudre

1 cc de coriandre moulue

½ cuillère à café de cumin moulu, rôti à sec

25 g/peu de feuilles de coriandre, hachées

Sel au goût

120 ml d'eau

Légume raffiné pour le graissage

Méthode

- Mélanger tous les ingrédients, sauf l'huile, pour faire une pâte épaisse.
- Beurrer et chauffer une poêle plate. Étalez une cuillerée de pâte dessus.
- Verser un peu d'huile autour de l'omelette, couvrir avec un couvercle et cuire à feu moyen pendant 2 minutes. Retournez et répétez. Répétez l'opération pour le reste de la pâte.
- Servir chaud avec du ketchup aux tomates ou du chutney à la menthe

Bhurji aux œufs

(Egguf brouillé épicé)

Pour 4 personnes

Ingrédients

4 cuillères à soupe d'huile végétale raffinée

½ cuillère à café de graines de cumin

2 gros oignons, hachés finement

8 gousses d'ail, hachées finement

½ cuillère à café de curcuma

3 piments verts, hachés finement

2 tomates, hachées finement

Sel au goût

8 œufs, battus

10 g/¼oz de feuilles de coriandre, hachées

Méthode

- Chauffer l'huile dans une casserole. Ajouter les graines de cumin. Laissez-les crachoter pendant 15 secondes. Ajouter les oignons et les faire revenir à feu moyen jusqu'à ce qu'ils soient translucides.

- Ajouter l'ail, le curcuma, les piments verts et les tomates. Faire sauter pendant 2 minutes. Ajouter les œufs et cuire en remuant continuellement jusqu'à ce que les œufs soient cuits.

- Décorez avec les feuilles de coriandre et servez chaud.

Côtelette d'oeufs

Donne 8

Ingrédients

240 ml/8 fl oz d'huile végétale raffinée

1 gros oignon, haché finement

1 cuillère à café de pâte de gingembre

1 cuillère à café de pâte d'ail

Sel au goût

½ cuillère à café de poivre noir moulu

2 grosses pommes de terre, bouillies et écrasées

8 œufs durs, coupés en deux

1 œuf battu

100 g de chapelure

Méthode

- Chauffer l'huile dans une casserole. Ajouter l'oignon, la pâte de gingembre, la pâte d'ail, le sel et le poivre noir. Faire frire à feu moyen jusqu'à coloration.

- Ajouter les pommes de terre. Frire pendant 2 minutes.

- Retirez les jaunes d'œufs et ajoutez-les au mélange de pommes de terre. Bien mélanger.

- Remplissez les œufs évidés avec le mélange pommes de terre-jaunes d'œufs.

- Trempez-les dans l'œuf battu et roulez-les dans la chapelure. Mettre de côté.

- Faites chauffer l'huile dans une poêle. Faites frire les œufs jusqu'à ce qu'ils soient dorés. Servir chaud.

Jhal Mudi

(Riz Soufflé Épicé)

Pour 5-6 personnes

Ingrédients

300g/10oz de kurmure*

1 concombre, haché finement

125g/4½oz de chana bouilli*

1 grosse pomme de terre, bouillie et hachée finement

125g/4½oz de cacahuètes grillées

1 gros oignon, haché finement

25 g/peu de feuilles de coriandre, hachées finement

4-5 cuillères à soupe d'huile de moutarde

1 cuillère à soupe de cumin moulu, rôti à sec

2 cuillères à soupe de jus de citron

Sel au goût

Méthode

- Mélanger tous les ingrédients ensemble pour bien mélanger. Sers immédiatement.

Tofu Tikka

Donne 15

Ingrédients

300g/10oz de tofu, coupé en morceaux de 5cm/2in

1 poivron vert, coupé en dés

1 tomate, coupée en dés

1 gros oignon, coupé en dés

1 cuillère à café de chaat masala*

250g/9oz de yaourt grec

½ cuillère à café de garam masala

½ cuillère à café de curcuma

1 cuillère à café de pâte d'ail

1 cc de jus de citron

Sel au goût

1 cuillère à soupe d'huile végétale raffinée

Pour la marinade :

25g/peu de feuilles de coriandre 1oz, moulues

25 g/peu de feuilles de menthe, moulues

Méthode

- Mélanger les ingrédients de la marinade ensemble. Faire mariner le tofu avec le mélange pendant 30 minutes.
- Griller avec les morceaux de poivron, de tomate et d'oignon pendant 20 minutes, en retournant de temps en temps.
- Saupoudrer de chaat masala sur le dessus. Servir chaud avec un chutney de menthe

Aloo Kabli

(Mélange épicé de pommes de terre, pois chiches et tamarin)

Pour 4 personnes

Ingrédients

3 grosses pommes de terre, bouillies et coupées en petits dés

250g/9oz de pois blancs*, bouilli

1 gros oignon, haché finement

1 piment vert, haché finement

2 cuillères à café de pâte de tamarin

2 cuillères à café de graines de cumin grillées à sec, moulues

10 g/¼oz de feuilles de coriandre, hachées

Sel au goût

Méthode

- Mélanger tous les ingrédients ensemble dans un bol. Écrasez légèrement.
- Servir frais ou à température ambiante.

Omelette Masala

Donne 6

Ingrédients

8 œufs, battus

1 gros oignon, haché finement

1 tomate, hachée finement

4 piments verts, hachés finement

2-3 gousses d'ail, hachées finement

2,5 cm de racine de gingembre, finement hachée

3 cuillères à soupe de feuilles de coriandre finement hachées

1 cuillère à café de chaat masala*

½ cuillère à café de curcuma

Sel au goût

6 cuillères à soupe d'huile végétale raffinée

Méthode

- Mélanger tous les ingrédients, sauf l'huile, et bien mélanger.
- Faites chauffer une poêle et étalez dessus 1 cuillère à soupe d'huile. Étendre un sixième du mélange d'œufs dessus.
- Une fois prise, retournez l'omelette et faites cuire l'autre face à feu moyen.
- Répétez l'opération pour le reste de la pâte.
- Servir chaud avec du ketchup ou du chutney à la menthe

Cacahuètes Masala

Pour 4 personnes

Ingrédients

500g/1lb 2oz d'arachides grillées

1 gros oignon, haché finement

3 piments verts, hachés finement

25 g/peu de feuilles de coriandre, hachées finement

1 grosse pomme de terre, bouillie et hachée

1 cuillère à café de chaat masala*

1 cuillère à soupe de jus de citron

Sel au goût

Méthode

- Mélanger tous les ingrédients ensemble pour bien mélanger. Sers immédiatement.

Oued de Kothmir

(Boules Frites à la Coriandre)

Donne 20-25

Ingrédients

100 g de feuilles de coriandre finement hachées

250g/9oz de besan*

45g/1½oz de farine de riz

3 piments verts, hachés finement

½ cuillère à café de pâte de gingembre

½ cuillère à café de pâte d'ail

1 cuillère à soupe de graines de sésame

1 cuillère à café de curcuma

1 cc de coriandre moulue

1 cuillère à café de sucre

¼ cuillère à café d'asafoetida

cc de bicarbonate de soude

Sel au goût

150 ml/5 fl oz d'eau

Huile végétale raffinée à graisser plus extra pour la friture peu profonde

Méthode

- Dans un bol, mélanger tous les ingrédients, sauf l'huile. Ajouter un peu d'eau pour faire une pâte épaisse.

- Graisser un moule à gâteau rond de 20 cm avec de l'huile et y verser la pâte.

- Cuire à la vapeur pendant 10-15 minutes. Laisser refroidir 10 minutes. Coupez le mélange cuit à la vapeur en morceaux carrés.

- Faites chauffer l'huile dans une poêle. Faites frire les morceaux jusqu'à ce qu'ils soient dorés des deux côtés. Servir chaud.

Rouleaux de riz et de maïs

Pour 4 personnes

Ingrédients

100g/3½oz de riz cuit à la vapeur, en purée

200g/7oz de grains de maïs bouillis

125g/4½oz besan*

1 gros oignon, haché finement

1 cuillère à café de garam massala

½ cuillère à café de piment en poudre

10 g/¼oz de feuilles de coriandre, hachées

Jus de 1 citron

Sel au goût

Huile végétale raffinée pour la friture

Méthode

- Mélanger tous les ingrédients, sauf l'huile, ensemble.
- Chauffer l'huile dans une casserole. Déposez de petites cuillerées du mélange dans l'huile et faites frire jusqu'à ce qu'elles soient dorées de tous les côtés.
- Égoutter sur du papier absorbant. Servir chaud.

Côtelette Dahi

(Côtelette de yaourt)

Pour 4 personnes

Ingrédients

Yaourt grec 600g/1lb 5oz

Sel au goût

3 cuillères à soupe de feuilles de coriandre hachées

6 piments verts, hachés finement

200g/7oz de chapelure

1 cuillère à café de garam massala

2 cuillères à café de noix, hachées

2 cuillères à soupe de farine blanche nature

½ cuillère à café de bicarbonate de soude

90 ml d'eau

Huile végétale raffinée pour la friture

Méthode

- Mélanger le yaourt avec le sel, les feuilles de coriandre, les piments, la chapelure et le garam masala. Diviser en portions de la taille d'un citron.

- Pressez quelques noix concassées au centre de chaque portion. Mettre de côté.
- Mélanger la farine, le bicarbonate de soude et suffisamment d'eau pour faire une pâte fine. Tremper les escalopes dans la pâte et réserver.
- Chauffer l'huile dans une casserole. Faites frire les escalopes jusqu'à ce qu'elles soient dorées.
- Servir chaud avec un chutney de menthe

Uthappam

(Crêpe de riz)

Donne 12

Ingrédients

500g/1lb 2oz de riz

150g/5½oz urad dhal*

2 cc de graines de fenugrec

Sel au goût

12 cuillères à soupe d'huile végétale raffinée

Méthode

- Mélanger tous les ingrédients, sauf l'huile, ensemble. Faire tremper dans l'eau pendant 6-7 heures. Égoutter et broyer en une pâte fine. Laisser fermenter 8 heures.
- Faites chauffer une poêle et étalez 1 cuillère à café d'huile dessus.
- Versez une grosse cuillère à soupe de pâte. Étaler comme une crêpe.
- Cuire à feu doux pendant 2-3 minutes. Retournez et répétez.
- Répétez l'opération pour le reste de la pâte. Servir chaud.

Koraishutir Kochuri

(Pain Farci aux Petits Pois)

Pour 4 personnes

Ingrédients

175g/6oz de farine blanche nature

cc de sel

2 cuillères à soupe de ghee et un peu plus pour la friture

500g/1lb 2oz de pois surgelés

2.5 cm/1in racine de gingembre

4 petits piments verts

2 cuillères à soupe de graines de fenouil

¼ cuillère à café d'asafoetida

Méthode

- Pétrir la farine avec ¼ cuillère à café de sel et 2 cuillères à soupe de ghee. Mettre de côté.
- Broyer les petits pois, le gingembre, les piments et le fenouil en une pâte fine. Mettre de côté.
- Faites chauffer une cuillère à café de ghee dans une casserole. Faites frire l'asafoetida pendant 30 secondes.
- Ajouter la pâte de petits pois et ½ cuillère à café de sel. Faire sauter pendant 5 minutes. Mettre de côté.

- Divisez la pâte en 8 boules. Aplatir et remplir chacun avec le mélange de pois. Fermez comme une poche et aplatissez à nouveau. Abaisser en disques ronds.
- Faites chauffer le ghee dans une casserole. Ajouter les disques farcis et faire revenir à feu moyen jusqu'à ce qu'ils soient dorés. Égoutter sur du papier absorbant et servir chaud.

Kanda Vada

(Côtelette d'oignon)

Pour 4 personnes

Ingrédients

4 gros oignons, tranchés

4 piments verts, hachés finement

10 g/¼oz de feuilles de coriandre, hachées

cc de pâte d'ail

¾ cc de pâte de gingembre

½ cuillère à café de curcuma

Pincée de bicarbonate de soude

Sel au goût

250g/9oz de besan*

Huile végétale raffinée pour la friture

Méthode

- Mélanger tous les ingrédients, sauf l'huile. Pétrir et réserver 10 minutes.
- Chauffer l'huile dans une casserole. Ajouter des cuillerées du mélange à l'huile et faire frire à feu moyen jusqu'à coloration dorée. Servir chaud.

Aloo Tuk

(Snack de pommes de terre épicé)

Pour 4 personnes

Ingrédients

8-10 pommes de terre grelots, étuvées

Sel au goût

Huile végétale raffinée pour la friture

2 cuillères à soupe de chutney à la menthe

2 cuillères à soupe de chutney de tomates sucrées

1 gros oignon, haché finement

2-3 piments verts, hachés finement

1 cuillère à café de sel noir, en poudre

1 cuillère à café de chaat masala*

Jus de 1 citron

Méthode

- Presser doucement les pommes de terre pour les aplatir légèrement. Saupoudrer de sel.
- Chauffer l'huile dans une casserole. Ajouter les pommes de terre et les faire frire jusqu'à ce qu'elles soient dorées de tous les côtés.

61

- Transférer les pommes de terre dans un plat de service. Parsemer le chutney de menthe et le chutney de tomates sucrées dessus.

- Saupoudrer l'oignon, les piments verts, le sel noir, le chaat masala et le jus de citron sur le dessus. Sers immédiatement.

Escalope à la noix de coco

Donne 10

Ingrédients

200g/7oz de noix de coco fraîche, râpée

2.5 cm/1in racine de gingembre

4 piments verts

2 gros oignons, hachés finement

50 g de feuilles de coriandre

4-5 feuilles de curry

Sel au goût

2 grosses pommes de terre, bouillies et écrasées

2 œufs, battus

100 g de chapelure

Huile végétale raffinée pour la friture

Méthode

- Broyer ensemble la noix de coco, le gingembre, les piments, les oignons, les feuilles de coriandre et les feuilles de curry. Mettre de côté.
- Ajoutez du sel aux pommes de terre et mélangez bien.
- Faites des boules de pommes de terre de la taille d'un citron et aplatissez-les sur votre paume.

- Placez un peu de mélange de noix de coco moulue au centre de chaque escalope. Fermez-les comme une poche et aplatissez-les doucement à nouveau.
- Tremper chaque escalope dans l'œuf battu et rouler dans la chapelure.
- Chauffer l'huile dans une casserole. Faites frire les escalopes jusqu'à ce qu'elles soient dorées.
- Égoutter sur du papier absorbant et servir chaud avec un chutney de menthe

Dhokla aux germes de mungo

(Gâteau de pousses de mungo à la vapeur)

Donne 20

Ingrédients

200g/7oz de haricots mungo germés

150g/5½oz mung dhal*

2 cuillères à soupe de crème sure

Sel au goût

2 cuillères à soupe de carottes râpées

Huile végétale raffinée pour le graissage

Méthode

- Mélanger les haricots mungo, le dhal mungo et la crème sure. Broyer ensemble en une pâte lisse. Fermentation pendant 3-4 heures. Ajouter le sel et réserver.

- Beurrer un moule à cake rond de 20 cm. Versez-y le mélange de dhal. Parsemer les carottes et cuire à la vapeur pendant 7 minutes.

- Couper en morceaux et servir chaud.

Paneer Pakoda

(Pâte Paneer Frit)

Pour 4 personnes

Ingrédients

2½ cuillères à café de piment en poudre

1¼ cuillère à café d'amchoor*

Panneau de 250g/9oz*, coupé en gros morceaux

8 cuillères à soupe de besan*

Sel au goût

Pincée de bicarbonate de soude

150 ml/5 fl oz d'eau

Huile végétale raffinée pour la friture

Méthode

- Mélanger 1 cuillère à soupe de poudre de piment l'amchoor. Faire mariner les morceaux de paneer le mélange pendant 20 minutes.

- Mélanger le besan avec la poudre de piment restante sel, le bicarbonate de soude et suffisamment d'eau po faire la pâte.

- Chauffer l'huile dans une casserole. Tremper chaque morceau de paneer dans la pâte et faire frire à feu moyen jusqu'à ce qu'il soit doré.

- Servir chaud avec un chutney de menthe

Pain de viande indien

Pour 4 personnes

Ingrédients

500g/1lb 2oz de boeuf haché

200g/7oz de tranches de bacon

½ cuillère à café de pâte de gingembre

½ cuillère à café de pâte d'ail

2 piments verts, hachés finement

½ cuillère à café de poivre noir moulu

¼ cuillère à café de muscade râpée

Jus de 1 citron

Sel au goût

2 œufs, battus

Méthode

- Dans une casserole, mélanger tous les ingrédients, sauf les œufs.

- Cuire à feu vif jusqu'à ce que le mélange soit sec. Réserver au frais.

- Ajouter les œufs battus et bien mélanger. Verser dans un moule à cake de 20 x 10 cm/8 x 4 po.

- Cuire le mélange à la vapeur pendant 15-20 minutes. Laisser refroidir 10 minutes. Couper en tranches et servir chaud.

Paneer Tikka

(Paneer Patty)

Pour 4 personnes

Ingrédients

Panneau de 250g/9oz*, coupé en 12 morceaux

2 tomates, coupées en quartiers et sans pulpe

2 poivrons verts, épépinés et coupés en quartiers

2 oignons de taille moyenne, coupés en quatre

3-4 feuilles de chou, râpées

1 petit oignon, tranché finement

Pour la marinade :

1 cuillère à café de pâte de gingembre

1 cuillère à café de pâte d'ail

250g/9oz de yaourt grec

2 cuillères à soupe de crème liquide

Sel au goût

Méthode

- Mélanger les ingrédients de la marinade ensemble. Faire mariner le paneer, les tomates, les poivrons et les oignons avec ce mélange pendant 2-3 heures.
- Les embrocher les uns après les autres et les faire griller sur un gril à charbon jusqu'à ce que les morceaux de paneer soient dorés.
- Garnir avec le chou et l'oignon. Servir chaud.

Escalope de Paneer

Ingrédients

1 cuillère à soupe de ghee

2 gros oignons, hachés finement

2,5 cm de racine de gingembre, râpé

2 piments verts, hachés finement

4 gousses d'ail, hachées finement

3 pommes de terre, bouillies et écrasées

300g/10oz de fromage de chèvre, égoutté

1 cuillère à soupe de farine blanche nature

3 cuillères à soupe de feuilles de coriandre hachées

50 g de chapelure

Sel au goût

Huile végétale raffinée pour la friture

Méthode

- Faites chauffer le ghee dans une casserole. Ajouter les oignons, le gingembre, les piments et l'ail. Faites frire en remuant fréquemment jusqu'à ce que l'oignon brunisse. Retirer du feu.

- Ajouter les pommes de terre, le fromage de chèvre, la farine, les feuilles de coriandre, la chapelure et le sel. Bien mélanger et façonner le mélange en escalopes.

- Chauffer l'huile dans une casserole. Faire frire les escalopes jusqu'à ce qu'elles soient dorées. Servir chaud.

Dhal ke Kebab

(Dhal Kebab)

Donne 12

Ingrédients

600g/1lb 5oz masoor dhal[*]

1,2 litre/2 pintes d'eau

Sel au goût

3 cuillères à soupe de feuilles de coriandre hachées

3 cuillères à soupe de fécule de maïs

3 cuillères à soupe de chapelure

1 cuillère à café de pâte d'ail

Huile végétale raffinée pour la friture

Méthode

- Cuire le dhal avec l'eau et le sel dans une casserole à feu moyen pendant 30 minutes. Égoutter l'excès d'eau et écraser le dhal cuit avec une cuillère en bois.
- Ajouter tous les ingrédients restants, sauf l'huile. Bien mélanger et façonner le mélange en 12 galettes.
- Chauffer l'huile dans une casserole. Faire frire les galettes jusqu'à ce qu'elles soient dorées. Égoutter sur du papier absorbant et servir chaud.

Boulettes de riz salées

Pour 4 personnes

Ingrédients

100g/3½oz de riz vapeur

125g/4½oz besan*

Yaourt 125g/4½oz

½ cuillère à café de piment en poudre

cc de curcuma

1 cuillère à café de garam massala

Sel au goût

Huile végétale raffinée pour la friture

Méthode

- Écraser le riz avec une cuillère en bois. Ajouter tous les ingrédients restants, sauf l'huile, et bien mélanger. Cela devrait faire une pâte avec une consistance de mélange à gâteau. Ajouter de l'eau si nécessaire.

- Faites chauffer l'huile dans une poêle. Ajouter des cuillerées de pâte et faire frire à feu moyen jusqu'à ce qu'elles soient dorées.

- Égoutter sur du papier absorbant et servir chaud.

Rouleau de roti nutritif

Pour 4 personnes

Ingrédients
Pour le remplissage:

1 cuillère à café de graines de cumin

1 cc de beurre

1 pomme de terre bouillie, en purée

1 œuf dur, haché finement

1 cuillère à soupe de feuilles de coriandre hachées

½ cuillère à café de piment en poudre

Pincée de poivre noir moulu

Pincée de garam masala

1 cuillère à soupe d'oignons verts, hachés finement

Sel au goût

Pour les rotis :

85g/3oz de farine complète

1 cuillère à café d'huile végétale raffinée

Pincée de sel

Méthode

- Mélanger tous les ingrédients de la garniture ensemble et bien écraser. Mettre de côté.
- Mélanger tous les ingrédients pour le roti. Pétrir en une pâte souple.
- Faire des boules de pâte de la taille d'une noix et rouler chacune en disques.
- Étaler la farce en purée finement et uniformément sur chaque disque. Rouler chaque disque en un rouleau serré.
- Faire griller légèrement les rouleaux sur une poêle chaude. Servir chaud.

Kebab au poulet et à la menthe

Donne 20

Ingrédients

500g/1lb 2oz de poulet haché

50 g de feuilles de menthe finement hachées

4 piments verts, hachés finement

1 cc de coriandre moulue

1 cuillère à café de cumin moulu

Jus de 1 citron

1 cuillère à café de pâte de gingembre

1 cuillère à café de pâte d'ail

1 œuf battu

1 cuillère à soupe de fécule de maïs

Sel au goût

Huile végétale raffinée pour la friture

Méthode

- Mélanger tous les ingrédients, sauf l'huile. Pétrir en une pâte molle.
- Divisez la pâte en 20 portions et aplatissez chacune.
- Faites chauffer l'huile dans une poêle. Faites frire les brochettes à feu moyen jusqu'à ce qu'elles soient dorées. Servir chaud avec un chutney de menthe

Chips Masala

Pour 4 personnes

Ingrédients

200g/7oz de chips de pommes de terre salées nature

2 oignons, hachés finement

10 g/¼oz de feuilles de coriandre, finement hachées

2 cuillères à café de jus de citron

1 cuillère à café de chaat masala*

Sel au goût

Méthode

- Émiettez les chips. Ajouter tous les ingrédients et mélanger pour bien mélanger.
- Sers immédiatement.

Samosa aux légumes mélangés

(Mélange de Légumes Sarriette)

Donne 10

Ingrédients

2 cuillères à soupe d'huile végétale raffinée et un peu plus pour la friture

1 gros oignon, haché finement

175g/6oz de pâte de gingembre

1 cuillère à café de cumin moulu, rôti à sec

Sel au goût

2 pommes de terre, bouillies et coupées en petits dés

125g/4½oz de pois cuits

Pour la pâtisserie :

175g/6oz de farine blanche nature

Pincée de sel

2 cuillères à soupe d'huile végétale raffinée

100 ml/3½ fl oz d'eau

Méthode

- Faites chauffer 2 cuillères à soupe d'huile dans une poêle. Ajouter l'oignon, le gingembre et le cumin moulu. Faites frire pendant 3 à 5 minutes en remuant continuellement.
- Ajouter le sel, les pommes de terre et les petits pois. Bien mélanger et écraser. Mettre de côté.
- Faire des cornets de pâte avec les ingrédients de la pâtisserie, comme dans la recette Samosa de pommes de terre
- Remplir chaque cône avec 1 cuillère à soupe de mélange pommes de terre-pois et sceller les bords.
- Faites chauffer l'huile dans une poêle et faites frire les cônes jusqu'à ce qu'ils soient dorés.
- Égoutter et servir chaud avec du ketchup ou du chutney à la menthe

Rouleaux Hachés

Donne 12

Ingrédients

500g/1lb 2oz d'agneau haché

2 piments verts, hachés finement

2,5 cm de racine de gingembre, finement hachée

2 gousses d'ail, hachées finement

1 cuillère à café de garam massala

1 gros oignon, haché finement

25 g/peu de feuilles de coriandre, hachées

1 œuf battu

Sel au goût

50 g de chapelure

Huile végétale raffinée pour la friture peu profonde

Méthode

- Mélanger tous les ingrédients, sauf la chapelure et l'huile. Divisez le mélange en 12 portions cylindriques. Rouler dans la chapelure. Mettre de côté.

- Faites chauffer l'huile dans une poêle. Faire frire les rouleaux à feu doux jusqu'à ce qu'ils soient dorés de tous les côtés.

- Servir chaud avec un chutney de noix de coco verte

Golli Kebab

(Rouleaux de Légumes)

Donne 12

Ingrédients

1 grosse carotte, hachée finement

50g/1¾oz de haricots verts, hachés

50 g de chou, haché finement

1 petit oignon, râpé

1 cuillère à café de pâte d'ail

2 piments verts

Sel au goût

½ cuillère à café de sucre en poudre

½ cuillère à café d'amchoor*

50 g de chapelure

125g/4½oz besan*

Huile végétale raffinée pour la friture

Méthode

- Mélanger tous les ingrédients, sauf l'huile. Façonner en 12 cylindres.
- Faites chauffer l'huile dans une poêle. Faites frire les cylindres jusqu'à ce qu'ils soient dorés.
- Servir chaud avec du ketchup.

Mathis

(Salés frits)

Donne 25

Ingrédients

350g/12oz de farine blanche nature

200 ml d'eau tiède

1 cuillère à soupe de ghee

1 cuillère à café de graines d'ajowan

1 cuillère à soupe de ghee

Sel au goût

Huile végétale raffinée pour la friture

Méthode

- Mélanger tous les ingrédients, sauf l'huile. Pétrir en pâte souple.
- Divisez la pâte en 25 portions. Rouler chaque portion en un disque de 5 cm de diamètre. Piquer les disques avec une fourchette et réserver 30 minutes.
- Chauffer l'huile dans une casserole. Faites frire les disques jusqu'à ce qu'ils deviennent dorés pâles.
- Égoutter sur du papier absorbant. Refroidir et stocker dans un recipient hermétique.

Poha Pakoda

Ingrédients

100g/3½oz de poha*

500 ml/16 fl oz d'eau

125g/4½oz d'arachides, grossièrement pilées

½ cuillère à café de pâte de gingembre

½ cuillère à café de pâte d'ail

2 cuillères à café de jus de citron

1 cuillère à café de sucre

1 cc de coriandre moulue

½ cuillère à café de cumin moulu

10 g/¼oz de feuilles de coriandre, finement hachées

Sel au goût

Huile végétale raffinée pour la friture

Méthode

- Faire tremper le poha dans l'eau pendant 15 minutes. Égoutter et mélanger avec tous les ingrédients restants, sauf l'huile. Former des boules de la taille d'une noix.

- Faites chauffer l'huile dans une poêle. Faites frire les boules de poha à feu moyen jusqu'à ce qu'elles soient dorées.

- Égoutter sur du papier absorbant. Servir chaud avec un chutney de menthe

Hariyali Murgh Tikka

(Poulet Vert Tikka)

Pour 4 personnes

Ingrédients

650g/1lb 6oz de poulet désossé, coupé en morceaux de 5cm/2in

Huile végétale raffinée pour badigeonner

Pour la marinade :

Sel au goût

Yaourt 125g/4½oz

1 cuillère à soupe de pâte de gingembre

1 cuillère à soupe de pâte d'ail

25 g/peu de feuilles de menthe, moulues

25g/peu de feuilles de coriandre 1oz, moulues

50g/1¾oz d'épinards, moulus

2 cuillères à soupe de garam massala

3 cuillères à soupe de jus de citron

Méthode

- Mélanger les ingrédients de la marinade ensemble. Faire mariner le poulet avec ce mélange pendant 5-6 heures au réfrigérateur. Sortir du réfrigérateur au moins une heure avant la cuisson.
- Griller les morceaux de poulet sur des brochettes ou sur une plaque à griller arrosée d'huile. Cuire jusqu'à ce que le poulet brunisse de tous les côtés. Servir chaud.

Boti Kebab

(Agneau Kebab en bouchées)

Donne 20

Ingrédients

500g/1lb 2oz d'agneau désossé, coupé en petits morceaux

1 cuillère à café de pâte de gingembre

2 cuillères à café de pâte d'ail

2 cuillères à café de piments verts

½ cuillère à soupe de coriandre moulue

½ cuillère à soupe de cumin moulu

cc de curcuma

1 cuillère à café de piment en poudre

cc de garam masala

Jus de 1 citron

Sel au goût

Méthode

- Bien mélanger tous les ingrédients et laisser reposer 3 heures.

- Embrocher les morceaux d'agneau. Cuire sur un gril à charbon pendant 20 minutes jusqu'à coloration dorée. Servir chaud.

Tchat

(Goûter salé aux pommes de terre)

Pour 4 personnes

Ingrédients

Huile végétale raffinée pour la friture

4 pommes de terre de taille moyenne, bouillies, pelées et coupées en morceaux de 2,5 cm/1 po

½ cuillère à café de piment en poudre

Sel au goût

1 cuillère à café de cumin moulu, rôti à sec

1½ cuillère à café de chaat masala*

1 cc de jus de citron

2 cuillères à soupe de chutney de mangue chaud et sucré

1 cuillère à soupe de chutney à la menthe

10 g/¼oz de feuilles de coriandre, hachées

1 gros oignon, haché finement

Méthode

- Faites chauffer l'huile dans une poêle. Faites frire les pommes de terre à feu moyen jusqu'à ce qu'elles soient dorées de tous les côtés. Égoutter sur du papier absorbant.

- Dans un bol, mélanger les pommes de terre avec la poudre de piment, le sel, le cumin moulu, le chaat masala, le jus de citron, le chutney de mangue chaud et sucré et le chutney de menthe. Garnir avec les feuilles de coriandre et l'oignon. Sers immédiatement.

Dosa à la noix de coco

(Crêpe de riz à la noix de coco)

Donne 10-12

Ingrédients

250g/9oz de riz, trempé pendant 4 heures

100g/3½oz de poha*, trempé pendant 15 minutes

100g/3½oz de riz vapeur

50 g de noix de coco fraîche, râpée

50 g de feuilles de coriandre hachées

Sel au goût

12 cuillères à café d'huile végétale raffinée

Méthode

- Broyer tous les ingrédients, sauf l'huile, ensemble pour former une pâte épaisse.
- Beurrer et chauffer une poêle plate. Verser une cuillerée de pâte et étaler avec le dos d'une cuillère pour former une crêpe fine. Versez une cuillère à café d'huile dessus. Cuire jusqu'à ce qu'il soit croustillant. Répétez l'opération pour le reste de la pâte.
- Servir chaud avec un chutney de noix de coco

Galettes de fruits secs

Donne 8

Ingrédients

50g/1¾oz de fruits secs mélangés, hachés finement

2 cuillères à soupe de chutney de mangue chaud et sucré

4 grosses pommes de terre, bouillies et écrasées

2 piments verts, hachés finement

1 cuillère à soupe de fécule de maïs

Sel au goût

Huile végétale raffinée pour la friture

Méthode

- Mélanger les fruits secs avec le chutney de mangue chaud et sucré. Mettre de côté.
- Mélanger les pommes de terre, les piments verts, la maïzena et le sel.
- Divisez le mélange en 8 boules de la taille d'un citron. Aplatissez-les en les pressant doucement entre vos paumes.
- Placer un peu de mélange de fruits secs au centre de chacun et sceller comme un sachet. Aplatir à nouveau pour former des galettes.

- Faites chauffer l'huile dans une poêle. Ajouter les galettes et les faire frire à feu moyen jusqu'à ce qu'elles soient dorées de tous les côtés. Servir chaud.

Dosa de riz cuit

Donne 10-12

Ingrédients

100g/3½oz de riz vapeur

250g/9oz de besan*

3-4 piments verts, hachés finement

1 oignon, haché finement

50 g de feuilles de coriandre hachées

8 feuilles de curry, finement hachées

Pincée d'asafoetida

3 cuillères à soupe de yaourt

Sel au goût

150 ml/5 fl oz d'eau

12 cuillères à café d'huile végétale raffinée

Méthode

- mélangez tous les ingrédients ensemble. Écrasez légèrement et ajoutez un peu d'eau pour faire une pâte épaisse.
- Beurrer et chauffer une poêle plate. Verser une cuillerée de pâte dessus et étaler pour former une crêpe fine. Versez une cuillère à café d'huile autour. Cuire jusqu'à ce qu'il soit croustillant. Répétez l'opération pour le reste de la pâte.
- Servir chaud avec un chutney de noix de coco

Galettes de bananes non mûres

Donne 10

Ingrédients

6 bananes non mûres, bouillies et écrasées

3 piments verts, hachés finement

1 petit oignon, haché finement

cc de curcuma

1 cuillère à soupe de fécule de maïs

1 cc de coriandre moulue

1 cuillère à café de cumin moulu

1 cc de jus de citron

½ cuillère à café de pâte de gingembre

½ cuillère à café de pâte d'ail

Sel au goût

Huile végétale raffinée pour la friture peu profonde

Méthode

- Mélanger tous les ingrédients, sauf l'huile. Bien pétrir.
- Divisez en 10 boules égales. Aplatir en galettes.
- Faites chauffer l'huile dans une poêle. Ajouter quelques galettes à la fois et faire frire jusqu'à ce qu'elles soient dorées de tous les côtés.
- Servir chaud avec du ketchup ou du chutney à la menthe

Sooji Vada

(Snack de semoule frite)

Donne 25-30

Ingrédients

200g/7oz de semoule

Yaourt 250g/9oz

1 gros oignon, haché

2,5 cm de racine de gingembre, râpé

8 feuilles de curry

4 piments verts, hachés finement

½ noix de coco fraîche, moulue

Sel au goût

Huile végétale raffinée pour la friture

Méthode

- Mélanger tous les ingrédients, sauf l'huile, pour faire une pâte épaisse. Mettre de côté.

- Faites chauffer l'huile dans une poêle. Ajouter délicatement des cuillerées de pâte et faire frire à feu moyen jusqu'à ce qu'elles soient dorées.

- Égoutter sur du papier absorbant. Servir chaud avec un chutney de menthe

Bouchées salées aigre-douce

Donne 20

Ingrédients

2 cuillères à soupe d'huile végétale raffinée

1 cc de graines de moutarde

1 cc de graines de sésame

7-8 feuilles de curry

2 cuillères à soupe de feuilles de coriandre, hachées finement

Pour les muthias :

200g/7oz de riz vapeur

50 g de chou, râpé

1 carotte de taille moyenne, râpée

125g/4½oz de petits pois surgelés, décongelés et écrasés

4 piments verts, hachés finement

1 cuillère à café de pâte de gingembre

1 cuillère à café de pâte d'ail

2 cuillères à soupe de sucre en poudre

2 cuillères à soupe de jus de citron

Pincée de curcuma

1 cuillère à café de garam massala

3 cuillères à soupe de sauce tomate

Sel au goût

Méthode

- Mélanger tous les ingrédients du muthia dans un bol. Bien pétrir.
- Transférer ce mélange dans un moule à gâteau rond graissé de 20 cm/8 po et étaler uniformément.
- Placer le moule dans un cuiseur vapeur et cuire à la vapeur pendant 15 à 20 minutes. Laisser refroidir 15 minutes. Couper en morceaux en forme de losange. Mettre de côté.
- Chauffer l'huile dans une casserole. Ajouter les graines de moutarde, les graines de sésame et les feuilles de curry. Laissez-les crachoter pendant 15 secondes.
- Versez-le directement sur les muthias. Garnir de coriandre et servir chaud.

Galettes de crevettes

Ingrédients

2 cuillères à soupe d'huile végétale raffinée plus pour la friture

1 oignon, haché finement

2,5 cm de racine de gingembre, finement hachée

2 gousses d'ail, hachées finement

250 g de crevettes roses, nettoyées et déveinées

1 cuillère à café de garam massala

Sel au goût

1 cc de jus de citron

2 cuillères à soupe de feuilles de coriandre hachées

5 grosses pommes de terre, bouillies et écrasées

100 g de chapelure

Méthode

- Faites chauffer 2 cuillères à soupe d'huile dans une poêle. Ajouter l'oignon et faire revenir jusqu'à ce qu'il soit translucide.

- Ajouter le gingembre et l'ail et faire revenir à feu moyen pendant une minute.

- Ajouter les crevettes, le garam masala et le sel. Cuire 5-7 minutes.

- Ajouter le jus de citron et les feuilles de coriandre. Mélangez bien et mettez de côté.

- Saler les pommes de terre et façonner des galettes. Déposer un peu de mélange de crevettes sur chaque galette. Sceller dans des sachets et aplatir. Mettre de côté.

- Chauffer l'huile dans une casserole. Rouler les galettes dans la chapelure et les faire frire jusqu'à ce qu'elles soient dorées. Servir chaud.

Kebab Reshmi

(Poulet Kebab en Marinade Crémeuse)

Donne 10-12

Ingrédients

250 ml/8 fl oz de crème sure

1 cuillère à café de pâte de gingembre

1 cuillère à café de pâte d'ail

1 cuillère à café de sel

1 œuf battu

120ml/4fl oz de crème double

500g/1lb 2oz de poulet désossé, haché

Méthode

- Mélanger la crème sure, la pâte de gingembre et la pâte d'ail ensemble. Ajouter le sel, l'œuf et la crème pour faire une pâte épaisse.
- Faire mariner le poulet avec ce mélange pendant 2-3 heures.
- Embrocher les morceaux et cuire sur un gril à charbon jusqu'à ce qu'ils soient brun clair.
- Servir chaud.

Délice de blé concassé

Donne 15

Ingrédients

250g/9oz de blé concassé, légèrement torréfié

150g/5½oz mung dhal*

300 ml d'eau

125g/4½oz de petits pois surgelés

60 g de carottes râpées

1 cuillère à soupe de cacahuètes grillées

1 cuillère à soupe de pâte de tamarin

1 cuillère à café de garam massala

1 cuillère à café de piment en poudre

cc de curcuma

1 cuillère à café de sel

1 cuillère à soupe de feuilles de coriandre hachées

Méthode

- Faire tremper le blé concassé et le mung dhal dans l'eau pendant 2-3 heures.
- Ajouter le reste des ingrédients, sauf les feuilles de coriandre, et bien mélanger.
- Verser le mélange dans un moule à gâteau rond de 20 cm. Cuire à la vapeur pendant 10 minutes.
- Refroidir et couper en morceaux. Garnir avec la coriandre. Servir avec un chutney de noix de coco verte

Methi Dhokla

(Gâteau de fenugrec à la vapeur)

Donne 12

Ingrédients

200g/7oz de riz à grains courts

150g/5½oz urad dhal*

Sel au goût

25 g/peu de feuilles de fenugrec, hachées

2 cuillères à café de piments verts

1 cuillère à soupe de crème sure

Huile végétale raffinée pour le graissage

Méthode

- Faire tremper le riz et le dhal ensemble pendant 6 heures.

- Broyer en une pâte épaisse et laisser fermenter pendant 8 heures.

- Ajouter les ingrédients restants. Bien mélanger et fermenter pendant 6-7 heures de plus.

- Beurrer un moule à cake rond de 20 cm. Verser la pâte dans le moule et cuire à la vapeur pendant 7 à 10 minutes.

- Servir chaud avec n'importe quel chutney sucré.

Galettes De Petits Pois

Donne 12

Ingrédients

2 cuillères à soupe d'huile végétale raffinée et un peu plus pour la friture

1 cuillère à café de graines de cumin

600g/1lb 5oz de pois cuits, en purée

1½ cuillère à café d'amchoor*

1½ cuillère à café de coriandre moulue

Sel au goût

½ cuillère à café de poivre noir moulu

6 pommes de terre, bouillies et écrasées

2 tranches de pain

Méthode

- Faites chauffer 2 cuillères à soupe d'huile dans une casserole. Ajouter les graines de cumin. Au bout de 15 secondes, ajoutez les petits pois, l'amchoor et la coriandre. Frire pendant 2 minutes. Mettre de côté.

- Ajouter du sel et du poivre aux pommes de terre. Mettre de côté.

- Tremper les tranches de pain dans l'eau. Essorez l'excès d'eau en les pressant entre vos paumes. Retirer les croûtes et ajouter les tranches au mélange de pommes de terre. Bien mélanger. Divisez le mélange en boules de la taille d'un citron.

- Aplatir chaque boule et placer une cuillère à soupe du mélange de petits pois au centre. Fermez comme une poche et aplatissez à nouveau.

- Faites chauffer l'huile dans une poêle. Faites frire les galettes jusqu'à ce qu'elles soient dorées. Servir chaud.

Nimki

(Triangle de farine croustillante)

Donne 20

Ingrédients

500g/1lb 2oz besan*

75g/2½oz de ghee

1 cuillère à café de sel

1 cuillère à café de graines de cumin

1 cuillère à café de graines d'ajowan

200 ml d'eau

Sel au goût

Huile végétale raffinée pour la friture

Méthode

- Mélanger tous les ingrédients, sauf l'huile. Pétrir en une pâte ferme.
- Faire des boules de la taille d'une noix. Étaler en disques minces. Couper en deux et plier en triangles.
- Faites chauffer l'huile dans une poêle. Faites frire les triangles à feu moyen jusqu'à ce qu'ils soient dorés. Refroidir et conserver dans un contenant hermétique jusqu'à 8 jours.

Dahi Pakoda Chaat

(Dumplings frits aux lentilles au yaourt)

Pour 4 personnes

Ingrédients

200g/7oz mung dhal*

200g/7oz urad dhal*

1 cm/½ po de racine de gingembre, haché

3 cuillères à soupe de feuilles de coriandre hachées

Sel au goût

Huile végétale raffinée pour la friture

125g/4½oz de chutney de tomates sucrées

125 g de chutney à la menthe

175g/6oz de yaourt, fouetté

½ cuillère à café de sel noir

1 cuillère à soupe de cumin moulu, rôti à sec

3 cuillères à soupe de mélange Bombay*

Méthode

- Faire tremper les dhals ensemble pendant 4-5 heures. Égoutter et ajouter le gingembre, 2 cuillères à soupe de feuilles de coriandre et le sel. Broyer pour faire une pâte grossière. Mettre de côté.

- Chauffer l'huile dans une casserole. Quand il commence à fumer, ajoutez-y des cuillerées de pâte. Frire jusqu'à coloration dorée. Égoutter sur du papier absorbant.

- Disposer les pakodas frits dans un plat de service. Saupoudrer le chutney de menthe, le chutney de tomates sucrées et le yaourt sur les pakodas. Saupoudrer du reste des ingrédients. Sers immédiatement.

Pâte De Poisson Frit

Pour 4 personnes

Ingrédients

1kg/2¼lb de lotte, sans peau et en filets

½ cuillère à café de curcuma

Sel au goût

125g/4½oz besan*

3 cuillères à soupe de chapelure

½ cuillère à café de piment en poudre

½ cuillère à café de poivre noir moulu

1 piment vert, haché

1 cuillère à café de graines d'ajowan

3 cuillères à soupe de feuilles de coriandre hachées

500 ml/16 fl oz d'eau

Huile végétale raffinée pour la friture

Méthode

- Faire mariner le poisson avec le curcuma et le sel pendant 30 minutes.

- Mélanger le reste des ingrédients, sauf l'huile, pour former une pâte.

- Faire chauffer l'huile dans une poêle. Tremper le poisson mariné dans la pâte et faire frire à feu moyen jusqu'à ce qu'il soit doré.

- Égoutter sur du papier absorbant et servir chaud.

Caldine de poisson

(Poisson à la Goan)

Pour 4 personnes

Ingrédients

3 cuillères à soupe d'huile végétale raffinée

3 gros oignons, tranchés finement

6 piments verts, coupés dans le sens de la longueur

750g/1lb 10oz de bar en filets, haché

1 cuillère à café de cumin moulu

1 cuillère à café de curcuma

1 cuillère à café de pâte de gingembre

1 cuillère à café de pâte d'ail

360 ml/12 fl oz de lait de coco

2 cuillères à café de pâte de tamarin

Sel au goût

Méthode

- Chauffer l'huile dans une casserole. Ajouter les oignons et faire revenir à feu doux jusqu'à coloration.

- Ajouter les piments verts, le poisson, le cumin moulu, le curcuma, la pâte de gingembre, la pâte d'ail et le lait de coco. Bien mélanger et laisser mijoter 10 minutes.

- Ajouter la pâte de tamarin et le sel. Bien mélanger et laisser mijoter 15 minutes. Servir chaud.

Crevettes et œuf au curry

Ingrédients

3 cuillères à soupe d'huile végétale raffinée

2 clous de girofle

2,5 cm/1 po de cannelle

6 grains de poivre noir

2 feuilles de laurier

1 gros oignon, haché finement

½ cuillère à café de curcuma

1 cuillère à café de pâte de gingembre

1 cuillère à café de pâte d'ail

1 cuillère à café de garam massala

12 grosses crevettes décortiquées et déveinées

Sel au goût

200g/7oz de purée de tomates

120 ml d'eau

4 œufs durs, coupés en deux dans le sens de la longueur

Méthode

- Chauffer l'huile dans une casserole. Ajouter les clous de girofle, la cannelle, les grains de poivre et les feuilles de laurier. Laissez-les crachoter pendant 15 secondes.

- Ajouter le reste des ingrédients, sauf la purée de tomates, l'eau et les œufs. Faire revenir à feu moyen pendant 6-7 minutes. Ajouter la purée de tomates et l'eau. Laisser mijoter 10-12 minutes.

- Ajouter les œufs avec précaution. Laisser mijoter 4-5 minutes. Servir chaud.

Poisson taupe

(Poisson cuit au Curry Simple de Base)

Pour 4 personnes

Ingrédients

2 cuillères à soupe de ghee

1 petit oignon, haché finement

4 gousses d'ail, finement tranchées

2,5 cm de racine de gingembre, finement tranché

6 piments verts, coupés dans le sens de la longueur

1 cuillère à café de curcuma

Sel au goût

750 ml/1¼ pinte de lait de coco

1kg/2¼lb de bar, sans peau et en filets

Méthode

- Faites chauffer le ghee dans une casserole. Ajouter l'oignon, l'ail, le gingembre et les piments. Faire revenir à feu doux pendant 2 minutes. Ajoutez le curcuma. Cuire 3-4 minutes.

- Ajouter le sel, le lait de coco et le poisson. Bien mélanger et laisser mijoter 15-20 minutes. Servir chaud.

Crevettes Bharta

(Crevettes cuites dans une sauce indienne classique)

Pour 4 personnes

Ingrédients

100 ml d'huile de moutarde

1 cuillère à café de graines de cumin

1 gros oignon, râpé

1 cuillère à café de curcuma

1 cuillère à café de garam massala

2 cuillères à café de pâte de gingembre

2 cuillères à café de pâte d'ail

2 tomates, hachées finement

3 piments verts, coupés dans le sens de la longueur

750 g de crevettes 10 oz décortiquées et déveinées

250 ml/8 fl oz d'eau

Sel au goût

Méthode

- Chauffer l'huile dans une casserole. Ajouter les graines de cumin. Laissez-les crachoter pendant 15 secondes. Ajouter l'oignon et faire revenir à feu moyen jusqu'à ce qu'il brunisse.

- Ajouter tous les ingrédients restants. Laisser mijoter 15 minutes et servir chaud.

Poisson & Légumes Épicés

Pour 4 personnes

Ingrédients

2 cuillères à soupe d'huile de moutarde

500g/1lb 2oz de sole au citron, pelée et en filets

cc de graines de moutarde

cc de graines de fenouil

cc de graines de fenugrec

cc de graines de cumin

2 feuilles de laurier

½ cuillère à café de curcuma

2 piments rouges secs, coupés en deux

1 gros oignon, tranché finement

200g/7oz de légumes mélangés surgelés

360ml/12fl oz d'eau

Sel au goût

Méthode

- Chauffer l'huile dans une casserole. Ajouter le poisson et faire frire à feu moyen jusqu'à ce qu'il soit doré. Retournez et répétez. Égoutter et réserver.

- À la même huile, ajouter la moutarde, le fenouil, les graines de fenugrec et de cumin, les feuilles de laurier, le curcuma et les piments rouges. Frire pendant 30 secondes.

- Ajouter l'oignon. Faire revenir à feu moyen pendant 1 minute. Ajouter le reste des ingrédients et le poisson frit. Laisser mijoter 30 minutes et servir chaud.

Escalope de maquereau

Ingrédients

4 gros maquereaux, nettoyés

Sel au goût

½ cuillère à café de curcuma

2 cuillères à café de vinaigre de malt

250 ml/8 fl oz d'eau

1 cuillère à soupe d'huile végétale raffinée et un peu plus pour une friture peu profonde

2 gros oignons, hachés finement

1 cuillère à café de pâte de gingembre

1 cuillère à café de pâte d'ail

1 tomate, hachée finement

1 cuillère à café de poivre noir moulu

1 œuf battu

10 g/¼oz de feuilles de coriandre, hachées

3 tranches de pain, trempées et pressées

60g/2oz de farine de riz

Méthode

- Cuire le maquereau dans une casserole avec le sel, le curcuma, le vinaigre et l'eau à feu moyen pendant 15 minutes. Désosser et écraser. Mettre de côté.

- Faites chauffer 1 cuillère à soupe d'huile dans une casserole. Faire revenir les oignons à feu doux jusqu'à coloration.

- Ajouter la pâte de gingembre, la pâte d'ail et la tomate. Faire revenir 4-5 minutes.

- Ajouter le poivre et le sel et retirer du feu. Mélanger avec la purée de poisson, l'œuf, les feuilles de coriandre et le pain. Pétrir et façonner en 8 escalopes.

- Faites chauffer l'huile dans une poêle. Rouler les escalopes dans la farine de riz et les faire frire à feu moyen pendant 4 à 5 minutes. Retournez et répétez. Servir chaud.

Crabe Tandoori

Ingrédients

2 cuillères à café de pâte de gingembre

2 cuillères à café de pâte d'ail

2 cuillères à café de garam massala

1 cuillère à soupe de jus de citron

Yaourt grec 125g/4½oz

Sel au goût

4 crabes, nettoyés

1 cuillère à soupe d'huile végétale raffinée

Méthode

- Mélanger tous les ingrédients ensemble sauf les crabes et l'huile. Faire mariner les crabes avec ce mélange pendant 3-4 heures.
- Badigeonner le crabe mariné d'huile. Griller pendant 10-15 minutes. Servir chaud.

Poisson Farci

Ingrédients

2 cuillères à soupe d'huile végétale raffinée et un peu plus pour une friture peu profonde

1 gros oignon, émincé finement

1 grosse tomate, hachée finement

1 cuillère à café de pâte de gingembre

1 cuillère à café de pâte d'ail

1 cc de coriandre moulue

1 cuillère à café de cumin moulu

Sel au goût

1 cuillère à café de curcuma

2 cuillères à soupe de vinaigre de malt

1kg/2¼lb de saumon, fendu au niveau du ventre

25g/peu de chapelure 1oz

Méthode

- Faites chauffer 2 cuillères à soupe d'huile dans une casserole. Ajouter l'oignon et faire revenir à feu doux jusqu'à coloration. Ajouter le reste des ingrédients, sauf le vinaigre, le poisson et la chapelure. Faire revenir 5 minutes.

- Ajouter le vinaigre. Laisser mijoter 5 minutes. Farcir le poisson avec le mélange.

- Faites chauffer le reste d'huile dans une poêle. Rouler le poisson dans la chapelure et faire frire à feu moyen jusqu'à ce qu'il soit doré. Retournez et répétez. Servir chaud.

Curry de crevettes et chou-fleur

Pour 4 personnes

Ingrédients

10 cuillères à soupe d'huile végétale raffinée

1 gros oignon, haché finement

cc de curcuma

250 g de crevettes roses décortiquées et déveinées

200g/7oz de fleurons de chou-fleur

Sel au goût

Pour le mélange d'épices :

1 cuillère à soupe de graines de coriandre

1 cuillère à soupe de garam massala

5 piments rouges

2.5 cm/1in racine de gingembre

8 gousses d'ail

60g/2oz de noix de coco fraîche

Méthode

- Faites chauffer la moitié de l'huile dans une poêle. Ajouter les ingrédients du mélange d'épices et faire revenir à feu moyen pendant 5 minutes. Broyer en une pâte épaisse. Mettre de côté.

- Faites chauffer le reste d'huile dans une casserole. Faire revenir l'oignon à feu moyen jusqu'à ce qu'il soit translucide. Ajouter tous les ingrédients restants et la pâte d'épices.

- Laisser mijoter 15-20 minutes en remuant de temps en temps. Servir chaud.

Palourdes Sautées

Pour 4 personnes

Ingrédients

500g/1lb 2oz de palourdes, nettoyées

6 cuillères à soupe d'huile végétale raffinée

2 gros oignons, hachés finement

1 cuillère à café de curcuma

1 cuillère à café de garam massala

2 cuillères à café de pâte de gingembre

2 cuillères à café de pâte d'ail

10 g/¼oz de feuilles de coriandre, hachées

6 kokums*

Sel au goût

250 ml/8 fl oz d'eau

Méthode

- Cuire les palourdes à la vapeur pendant 25 minutes. Mettre de côté.

- Chauffer l'huile dans une casserole. Faire revenir les oignons à feu doux jusqu'à coloration.

- Ajouter le reste des ingrédients, sauf l'eau. Faire revenir 5 à 6 minutes.

- Ajouter les palourdes cuites à la vapeur et l'eau. Couvrir avec un couvercle et laisser mijoter 10 minutes. Servir chaud.

Crevettes Frites

Pour 4 personnes

Ingrédients

250g/9oz de crevettes décortiquées

250g/9oz de besan*

2 piments verts, hachés finement

1 cuillère à café de piment en poudre

1 cuillère à café de curcuma

1 cc de coriandre moulue

1 cuillère à café de cumin moulu

½ cuillère à café d'amchoor*

1 petit oignon, râpé

cc de bicarbonate de soude

Sel au goût

Huile végétale raffinée pour la friture

Méthode

- Mélanger tous les ingrédients, sauf l'huile, avec suffisamment d'eau pour former une pâte épaisse.
- Faire chauffer l'huile dans une poêle. Déposez quelques cuillerées de pâte dedans et faites frire à feu moyen jusqu'à ce qu'elles soient dorées de tous les côtés.
- Répétez l'opération pour le reste de la pâte. Servir chaud.

Maquereau en sauce tomate

Pour 4 personnes

Ingrédients

1 cuillère à soupe d'huile végétale raffinée

2 gros oignons, hachés finement

2 tomates, hachées finement

1 cuillère à soupe de pâte de gingembre

1 cuillère à soupe de pâte d'ail

1 cuillère à café de piment en poudre

½ cuillère à café de curcuma

8 kokum sec*

2 piments verts, tranchés

Sel au goût

4 gros maquereaux, pelés et en filets

120 ml d'eau

Méthode

- Chauffer l'huile dans une casserole. Faire revenir les oignons à feu moyen jusqu'à ce qu'ils brunissent. Ajouter tous les ingrédients restants, sauf le poisson et l'eau. Bien mélanger et faire sauter pendant 5-6 minutes.

- Ajouter le poisson et l'eau. Bien mélanger. Laisser mijoter 15 minutes et servir chaud.

Konju Ullaruathu

(Scampis en rouge Masala)

Pour 4 personnes

Ingrédients

120 ml d'huile végétale raffinée

1 gros oignon, haché finement

5 cm/2 po de racine de gingembre, tranché finement

12 gousses d'ail, finement tranchées

2 cuillères à soupe de piments verts, hachés finement

8 feuilles de curry

2 tomates, hachées finement

1 cuillère à café de curcuma

2 cuillères à café de coriandre moulue

1 cc de fenouil moulu

600g/1lb 5oz de langoustines, décortiquées et déveinées

3 cuillères à café de piment en poudre

Sel au goût

1 cuillère à café de garam massala

Méthode

- Chauffer l'huile dans une casserole. Ajouter l'oignon, le gingembre, l'ail, les piments verts et les feuilles de curry et faire revenir à feu moyen pendant 1-2 minutes.
- Ajouter tous les ingrédients restants, sauf le garam masala. Bien mélanger et cuire à feu doux pendant 15-20 minutes.
- Saupoudrer de garam masala et servir chaud.

Chemeen Manga Curry

(Gambas au Curry avec Mangue Non Mûre)

Pour 4 personnes

Ingrédients

200g/7oz de noix de coco fraîche, râpée

1 cuillère à soupe de piment en poudre

2 gros oignons, tranchés finement

3 cuillères à soupe d'huile végétale raffinée

2 piments verts, hachés

2,5 cm de racine de gingembre, tranché finement

Sel au goût

1 cuillère à café de curcuma

1 petite mangue non mûre, coupée en dés

120 ml d'eau

750 g de crevettes tigrées 10 oz, décortiquées et déveinées

1 cc de graines de moutarde

10 feuilles de curry

2 piments rouges entiers

4-5 échalotes, tranchées

Méthode

- Broyer ensemble la noix de coco, la poudre de piment et la moitié des oignons. Mettre de côté.

- Faites chauffer la moitié de l'huile dans une casserole. Faire revenir les oignons restants avec les piments verts, le gingembre, le sel et le curcuma à feu doux pendant 3-4 minutes.

- Ajouter la pâte de noix de coco, la mangue non mûre et l'eau. Laisser mijoter pendant 8 minutes.

- Ajouter les crevettes. Laisser mijoter 10-12 minutes et réserver.

- Faites chauffer l'huile restante. Ajouter les graines de moutarde, les feuilles de curry, les piments et les échalotes. Frire pendant une minute. Ajoutez ce mélange aux crevettes et servez chaud.

Frites Machchi simples

(Poisson frit aux épices)

Pour 4 personnes

Ingrédients

8 filets de poisson blanc ferme comme le cabillaud

cc de curcuma

½ cuillère à café de piment en poudre

1 cc de jus de citron

250 ml/8 fl oz d'huile végétale raffinée

2 cuillères à soupe de farine blanche nature

Méthode

- Faire mariner le poisson avec le curcuma, la poudre de piment et le jus de citron pendant 1 heure.
- Faites chauffer l'huile dans une poêle. Enrober le poisson de farine et faire frire à feu moyen pendant 3-4 minutes. Retournez et faites frire pendant 2-3 minutes. Servir chaud.

Machher Kalia

(Poisson dans une sauce riche)

Pour 4 personnes

Ingrédients

1 cc de graines de coriandre

2 cuillères à café de graines de cumin

1 cuillère à café de piment en poudre

2,5 cm de racine de gingembre, pelée

250 ml/8 fl oz d'eau

120 ml d'huile végétale raffinée

500g/1lb 2oz de filets de truite, sans peau

3 feuilles de laurier

1 gros oignon, haché finement

4 gousses d'ail, hachées finement

4 piments verts, tranchés

Sel au goût

1 cuillère à café de curcuma

2 cuillères à soupe de yaourt

Méthode

- Broyer les graines de coriandre, les graines de cumin, la poudre de piment et le gingembre avec suffisamment d'eau pour former une pâte épaisse. Mettre de côté.

- Chauffer l'huile dans une casserole. Ajouter le poisson et faire revenir à feu moyen pendant 3-4 minutes. Retournez et répétez. Égoutter et réserver.

- À la même huile, ajouter les feuilles de laurier, l'oignon, l'ail et les piments verts. Frire pendant 2 minutes. Ajouter le reste des ingrédients, le poisson frit et la pâte. Bien mélanger et laisser mijoter 15 minutes. Servir chaud.

Poisson frit dans un oeuf

Pour 4 personnes

Ingrédients

500g/1lb 2oz de saint-pierre, sans peau et en filets

Jus de 1 citron

Sel au goût

2 oeufs

1 cuillère à soupe de farine blanche nature

½ cuillère à café de poivre noir moulu

1 cuillère à café de piment en poudre

250 ml/8 fl oz d'huile végétale raffinée

100 g de chapelure

Méthode

- Faire mariner le poisson avec le jus de citron et le sel pendant 4 heures.
- Battre les œufs avec la farine, le poivre et la poudre de piment.
- Faites chauffer l'huile dans une poêle. Trempez le poisson mariné dans le mélange d'œufs, roulez-le dans la chapelure et faites-le frire à feu doux jusqu'à ce qu'il soit doré. Servir chaud.

Lau Chingri

(Crevettes au Potiron)

Pour 4 personnes

Ingrédients

250g/9oz de crevettes décortiquées

500g/1lb 2oz de citrouille, coupée en dés

2 cuillères à soupe d'huile de moutarde

cc de graines de cumin

1 feuille de laurier

½ cuillère à café de curcuma

1 cuillère à soupe de coriandre moulue

cc de sucre

1 cuillère à soupe de lait

Sel au goût

Méthode

- Cuire les crevettes et le potiron à la vapeur pendant 15 à 20 minutes. Mettre de côté.

- Chauffer l'huile dans une casserole. Ajouter les graines de cumin et la feuille de laurier. Frire pendant 15 secondes. Ajouter le curcuma et la coriandre moulue. Faites frire à feu moyen pendant 2-3 minutes. Ajouter le sucre, le lait, le sel et les crevettes et le potiron cuits à la vapeur. Laisser mijoter 10 minutes. Servir chaud.

Poisson Tomate

Pour 4 personnes

Ingrédients

2 cuillères à soupe de farine blanche nature

1 cuillère à café de poivre noir moulu

500g/1lb 2oz de sole au citron, pelée et en filets

3 cuillères à soupe de beurre

2 feuilles de laurier

1 petit oignon, râpé

6 gousses d'ail, hachées finement

2 cuillères à café de jus de citron

6 cuillères à soupe de fumet de poisson

150g/5½oz de purée de tomates

Sel au goût

Méthode

- Mélanger la farine et le poivre ensemble. Mélanger le poisson dans le mélange.

- Faites chauffer le beurre dans une poêle. Faire revenir le poisson à feu moyen jusqu'à ce qu'il soit doré. Égoutter et réserver.

- Dans le même beurre, faire revenir les feuilles de laurier, l'oignon et l'ail à feu moyen pendant 2-3 minutes. Ajouter le poisson frit et tous les ingrédients restants. Bien mélanger et laisser mijoter 20 minutes. Servir chaud.

Chingri Machher Kalia

(Curry riche aux crevettes)

Pour 4 personnes

Ingrédients

24 grosses crevettes décortiquées et déveinées

½ cuillère à café de curcuma

Sel au goût

250 ml/8 fl oz d'eau

3 cuillères à soupe d'huile de moutarde

2 gros oignons, finement râpés

6 piments rouges secs, moulus

2 cuillères à soupe de feuilles de coriandre, hachées finement

Méthode

- Cuire les crevettes avec le curcuma, le sel et l'eau dans une casserole à feu moyen pendant 20-25 minutes. Mettre de côté. Ne jetez pas l'eau.
- Chauffer l'huile dans une casserole. Ajouter les oignons et les piments rouges et faire revenir à feu moyen pendant 2-3 minutes.
- Ajouter les crevettes cuites et l'eau réservée. Bien mélanger et laisser mijoter 20-25 minutes. Décorez avec les feuilles de coriandre. Servir chaud.

Poisson Tikka Kebab

Pour 4 personnes

Ingrédients

1 cuillère à soupe de vinaigre de malt

1 cuillère à soupe de yaourt

1 cuillère à café de pâte de gingembre

1 cuillère à café de pâte d'ail

2 piments verts, hachés finement

1 cuillère à café de garam massala

1 cuillère à café de cumin moulu

1 cuillère à café de piment en poudre

Un trait de colorant alimentaire orange

Sel au goût

675g/1½lb de lotte, sans peau et en filets

Méthode

- Mélanger tous les ingrédients, sauf le poisson. Faire mariner le poisson avec ce mélange pendant 3 heures.
- Disposer le poisson mariné sur des brochettes et faire griller 20 minutes. Servir chaud.

Escalope Chingri Machher

(Côtelettes de crevettes)

Pour 4 personnes

Ingrédients

12 crevettes, décortiquées et déveinées

Sel au goût

500 ml/16 fl oz d'eau

4 piments verts, hachés finement

2 cuillères à soupe, pâte d'ail

50 g de feuilles de coriandre hachées

1 cuillère à café de cumin moulu

Pincée de curcuma

Huile végétale raffinée pour la friture

1 œuf battu

4 cuillères à soupe de chapelure

Méthode

- Cuire les crevettes avec le sel et l'eau dans une casserole à feu moyen pendant 20 minutes. Égoutter et écraser avec tous les ingrédients restants, sauf l'huile, l'œuf et la chapelure.
- Diviser le mélange en 8 portions, rouler en boules et aplatir en escalopes.
- Faire chauffer l'huile dans une poêle. Tremper les côtelettes dans l'œuf, les rouler dans la chapelure et les faire frire à feu moyen jusqu'à ce qu'elles soient dorées. Servir chaud.

Poisson cuit

Pour 4 personnes

Ingrédients

500g/1lb 2oz de sole au citron ou de filets de vivaneau rouge, sans la peau

Sel au goût

1 cuillère à café de poivre noir moulu

¼ c. à thé de piments rouges secs, hachés finement

2 gros poivrons verts, hachés finement

2 tomates, tranchées

1 gros oignon, tranché

Jus de 1 citron

3 piments verts, coupés dans le sens de la longueur

10 gousses d'ail, finement tranchées

1 cuillère à soupe d'huile d'olive

Méthode

- Placez les filets de poisson dans un plat allant au four et saupoudrez-les de sel, de poivre et de piments.
- Répartir le reste des ingrédients sur ce mélange.
- Couvrir le plat et cuire au four à 200°C (400°F, gaz 6) pendant 15 minutes. Découvrir et cuire au four pendant 10 minutes. Servir chaud.

Crevettes aux poivrons verts

Pour 4 personnes

Ingrédients

4 cuillères à soupe d'huile végétale raffinée

2 gros oignons, tranchés finement

5 cm/2 po de racine de gingembre, tranché finement

12 gousses d'ail, finement tranchées

4 piments verts, coupés dans le sens de la longueur

½ cuillère à café de curcuma

2 tomates, hachées finement

500 g de crevettes roses, décortiquées et déveinées

3 poivrons verts, épépinés et tranchés

Sel au goût

1 cuillère à soupe de feuilles de coriandre hachées

Méthode

- Chauffer l'huile dans une casserole. Ajouter les oignons, le gingembre, l'ail et les piments verts. Faites frire à feu doux pendant 1 à 2 minutes. Ajouter le reste des ingrédients, sauf les feuilles de coriandre. Bien mélanger et faire revenir 15 minutes.
- Décorez avec les feuilles de coriandre. Servir chaud.

Machher Jhole

(Poisson en sauce)

Pour 4 personnes

Ingrédients

500 g de truite de 2 onces, sans peau et en filets

1 cuillère à café de curcuma

Sel au goût

4 cuillères à soupe d'huile de moutarde

3 piments rouges secs

1 cuillère à café de garam massala

1 gros oignon, râpé

2 cuillères à café de pâte de gingembre

1 cc de moutarde moulue

1 cc de coriandre moulue

250 ml/8 fl oz d'eau

1 cuillère à soupe de feuilles de coriandre hachées

Méthode

- Faire mariner le poisson avec le curcuma et le sel pendant 30 minutes.

- Faites chauffer l'huile dans une poêle. Faire revenir le poisson mariné à feu moyen pendant 2-3 minutes. Retournez et répétez. Mettre de côté.

- Dans la même huile, faire revenir les piments et le garam masala à feu moyen pendant 1 à 2 minutes. Ajouter le reste des ingrédients, sauf les feuilles de coriandre. Bien mélanger et laisser mijoter 10 minutes. Ajouter le poisson et bien mélanger.

- Laisser mijoter 10 minutes. Parsemer de feuilles de coriandre et servir chaud.

Machher Paturi

(Poisson cuit à la vapeur dans des feuilles de bananier)

Pour 4 personnes

Ingrédients

5 cuillères à soupe de graines de moutarde

5 piments verts

1 cuillère à café de curcuma

1 cuillère à café de piment en poudre

1 cuillère à soupe d'huile de moutarde

½ cuillère à café de graines de fenouil

2 cuillères à soupe de feuilles de coriandre, hachées finement

½ cuillère à café de sucre

Sel au goût

750g/1lb 10oz de truite, sans peau et en filets

20 × 15 cm/8 × 6 pouces feuilles de bananier, lavées

Méthode

- Broyer ensemble tous les ingrédients, sauf le poisson et les feuilles de bananier, en une pâte lisse. Faire mariner le poisson avec cette pâte pendant 30 minutes.

- Enveloppez le poisson dans les feuilles de bananier et faites-le cuire à la vapeur pendant 20-25 minutes. Déballez soigneusement et servez chaud.

Chingri Machher Shorsher Jhole

(Curry Crevette Moutarde)

Pour 4 personnes

Ingrédients

6 piments rouges secs

½ cuillère à café de curcuma

3 cuillères à café de graines de cumin

1 cuillère à soupe de graines de moutarde

12 gousses d'ail

2 gros oignons

Sel au goût

24 crevettes, décortiquées et déveinées

3 cuillères à soupe d'huile de moutarde

500 ml/16 fl oz d'eau

Méthode

- Broyer ensemble tous les ingrédients, à l'exception des crevettes, de l'huile et de l'eau, en une pâte lisse. Faire mariner les crevettes avec cette pâte pendant 1 heure.
- Chauffer l'huile dans une casserole. Ajouter les crevettes et les faire revenir à feu moyen pendant 4 à 5 minutes.
- Ajouter l'eau. Bien mélanger et laisser mijoter 20 minutes. Servir chaud.

Curry de crevettes et pommes de terre

Pour 4 personnes

Ingrédients

3 cuillères à soupe d'huile végétale raffinée

2 gros oignons, hachés finement

3 tomates, hachées finement

1 cuillère à café de pâte d'ail

1 cuillère à café de piment en poudre

½ cuillère à café de curcuma

1 cuillère à café de garam massala

250 g de crevettes roses décortiquées et déveinées

2 grosses pommes de terre, coupées en dés

250 ml/8 fl oz d'eau chaude

1 cc de jus de citron

10 g/¼oz de feuilles de coriandre, hachées

Sel au goût

Méthode

- Chauffer l'huile dans une casserole. Faire revenir les oignons à feu doux jusqu'à coloration.

- Ajouter les tomates, la pâte d'ail, la poudre de piment, le curcuma et le garam masala. Faire revenir 4-5 minutes. Ajouter les ingrédients restants. Bien mélanger.

- Laisser mijoter 20 minutes et servir chaud.

Taupe de crevettes

(Gambas cuites dans un Curry Simple)

Pour 4 personnes

Ingrédients

3 cuillères à soupe d'huile végétale raffinée

2 gros oignons, hachés finement

2,5 cm de racine de gingembre, coupée en julienne

8 gousses d'ail, hachées

4 piments verts, coupés dans le sens de la longueur

375g/13oz de crevettes, décortiquées et déveinées

3 tomates, hachées finement

1 cuillère à café de curcuma

½ cuillère à café de piment en poudre

Sel au goût

750 ml/1¼ pinte de lait de coco

Méthode

- Chauffer l'huile dans une casserole. Ajouter les oignons, le gingembre, l'ail et les piments verts et faire revenir à feu moyen pendant 1-2 minutes.

- Ajouter les crevettes, les tomates, le curcuma, la poudre de piment et le sel. Faire revenir 5 à 6 minutes. Ajouter le lait de coco. Bien mélanger et laisser mijoter 10-12 minutes. Servir chaud.

Poisson Koliwada

(Poisson Frit Épicé)

Pour 4 personnes

Ingrédients

675g/1½lb de lotte, sans peau et en filets

Sel au goût

1 cc de jus de citron

250g/9oz de besan*

3 cuillères à soupe de farine

1 cuillère à café de curcuma

2 cuillères à café de chaat masala*

1 cuillère à café de garam massala

2 cuillères à soupe de feuilles de coriandre hachées

1 cuillère à soupe de vinaigre de malt

1 cuillère à café de piment en poudre

4 cuillères à soupe d'eau

Huile végétale raffinée pour la friture

Méthode

- Faire mariner le poisson avec le sel et le jus de citron pendant 2 heures.

- Mélanger tous les ingrédients restants, sauf l'huile, pour former une pâte épaisse.

- Faire chauffer l'huile dans une poêle. Enrober généreusement le poisson de pâte et faire frire à feu moyen jusqu'à ce qu'il soit doré. Égoutter et servir chaud.

Rouleau de poisson et pommes de terre

Pour 4 personnes

Ingrédients

675g/1½lb de sole au citron, pelée et en filets

Sel au goût

cc de curcuma

1 grosse pomme de terre, bouillie

2 cuillères à café de jus de citron

2 cuillères à soupe de coriandre, hachée finement

2 petits oignons, hachés finement

1 cuillère à café de garam massala

2-3 petits piments verts

½ cuillère à café de piment en poudre

Huile végétale raffinée pour la friture

2 œufs, battus

6-7 cuillères à soupe de chapelure

Méthode

- Cuire le poisson à la vapeur pendant 15 minutes.
- Égoutter et mélanger avec le reste des ingrédients, sauf l'huile, les œufs et la chapelure. Pétrir et diviser en 8 rouleaux de 6 cm/2½ po d'épaisseur.
- Faites chauffer l'huile dans une poêle. Tremper les rouleaux dans l'œuf, les rouler dans la chapelure et les faire frire à feu moyen jusqu'à ce qu'ils soient dorés. Égoutter et servir chaud.

Crevette Masala

Pour 4 personnes

Ingrédients

4 cuillères à soupe d'huile végétale raffinée

3 oignons, 1 tranché et 2 haché

2 cuillères à café de graines de coriandre

3 clous de girofle

2,5 cm/1 po de cannelle

5 grains de poivre

100g/3½oz de noix de coco fraîche, râpée

6 piments rouges secs

500 g de crevettes roses, décortiquées et déveinées

½ cuillère à café de curcuma

250 ml/8 fl oz d'eau

2 cuillères à café de pâte de tamarin

Sel au goût

Méthode

- Faites chauffer 1 cuillère à soupe d'huile dans une casserole. Faites revenir l'oignon tranché, les graines de coriandre, les clous de girofle, la cannelle, les grains de poivre, la noix de coco et les piments rouges à feu moyen pendant 2-3 minutes. Broyer en une pâte lisse. Mettre de côté.

- Faites chauffer le reste d'huile dans une casserole. Ajouter les oignons émincés et faire revenir à feu moyen jusqu'à coloration. Ajouter les crevettes, le curcuma et l'eau. Bien mélanger et laisser mijoter 5 minutes.

- Ajouter la pâte moulue, la pâte de tamarin et le sel. Faire sauter pendant 15 minutes. Servir chaud.

Poisson à l'ail

Pour 4 personnes

Ingrédients

500 g d'espadon, pelé et en filets

Sel au goût

1 cuillère à café de curcuma

1 cuillère à soupe d'huile végétale raffinée

2 gros oignons, finement râpés

2 cuillères à café de pâte d'ail

½ cuillère à café de pâte de gingembre

1 cc de coriandre moulue

125g/4½oz de purée de tomates

Méthode

- Faire mariner le poisson avec le sel et le curcuma pendant 30 minutes.
- Chauffer l'huile dans une casserole. Ajouter les oignons, la pâte d'ail, la pâte de gingembre et la coriandre moulue. Faire revenir à feu moyen pendant 2 minutes.
- Ajouter la purée de tomates et le poisson. Laisser mijoter 15-20 minutes. Servir chaud.

Riz aux pommes de terre

Pour 4 personnes

Ingrédients

150 g/5½ oz de ghee plus un supplément pour la friture

1 gros oignon

2.5 cm/1in racine de gingembre

6 gousses d'ail

125g/4½oz de yaourt, fouetté

4 cuillères à soupe de lait

2 gousses de cardamome verte

2 clous de girofle

1 cm/½ po de cannelle

250g/9oz de riz basmati, trempé pendant 30 minutes et égoutté

Sel au goût

1 litre/1¾ pintes d'eau

15 noix de cajou, frites

Pour les boulettes :

3 grosses pommes de terre, bouillies et écrasées

125g/4½oz besan*

½ cuillère à café de piment en poudre

½ cuillère à café de curcuma

1 cuillère à café de poudre de garam masala

1 gros oignon, râpé

Méthode

- Mélanger tous les ingrédients de la boulette ensemble. Répartir le mélange en petites boulettes.
- Faites chauffer le ghee pour la friture dans une poêle. Ajouter les boulettes et faire frire à feu moyen jusqu'à ce qu'elles soient dorées. Égouttez-les et mettez-les de côté.
- Broyer l'oignon, le gingembre et l'ail en une pâte.
- Faites chauffer 60 g de ghee dans une casserole. Ajouter la pâte et la faire frire à feu moyen jusqu'à ce qu'elle devienne translucide.
- Ajouter le yaourt, le lait et les boulettes de pommes de terre. Laisser mijoter le mélange pendant 10-12 minutes. Mettre de côté.
- Faites chauffer le reste du ghee dans une autre casserole. Ajouter la cardamome, les clous de girofle, la cannelle, le riz, le sel et l'eau. Couvrir avec un couvercle et laisser mijoter 15-20 minutes.
- Disposer le mélange de riz et de pommes de terre en couches alternées dans un plat allant au four. Terminez par une couche de riz. Garnir de noix de cajou.
- Cuire le riz aux pommes de terre dans un four à 200°C (400°F, gaz 6) pendant 7-8 minutes. Servir chaud.

Pulao aux légumes

Pour 4 personnes

Ingrédients

5 cuillères à soupe d'huile végétale raffinée

2 clous de girofle

2 gousses de cardamome verte

4 grains de poivre noir

2,5 cm/1 po de cannelle

1 gros oignon, haché finement

1 cuillère à café de pâte de gingembre

1 cuillère à café de pâte d'ail

2 piments verts, hachés finement

1 cuillère à café de garam massala

150g/5½oz de légumes mélangés (haricots verts, pommes de terre, carottes, etc.)

500g/1lb 2oz de riz à grains longs, trempé pendant 30 minutes et égoutté

Sel au goût

600 ml/1 pinte d'eau chaude

Méthode

- Chauffer l'huile dans une casserole. Ajouter les clous de girofle, la cardamome, les grains de poivre et la cannelle. Laissez-les crachoter pendant 15 secondes.
- Ajouter l'oignon et faire revenir à feu moyen pendant 2-3 minutes, en remuant de temps en temps.
- Ajouter la pâte de gingembre, la pâte d'ail, les piments verts et le garam masala. Bien mélanger. Faites frire ce mélange pendant une minute.
- Ajouter les légumes et le riz. Faites sauter le pulao à feu moyen pendant 4 minutes.
- Ajouter le sel et l'eau. Bien mélanger. Cuire à feu moyen pendant une minute.
- Couvrir avec un couvercle et laisser mijoter 10-12 minutes. Servir chaud.

Kachche Gosht ki Biryani

(Lamb Biryani)

Pour 4-6 personnes

Ingrédients

1kg/2¼lb d'agneau, coupé en morceaux de 5cm/2in

1 litre/1¾ pintes d'eau

Sel au goût

6 clous de girofle

5cm/2in cannelle

5 gousses de cardamome verte

4 feuilles de laurier

6 grains de poivre noir

750g/1lb 10oz de riz basmati, trempé pendant 30 minutes et égoutté

150g/5½oz de ghee

Une pincée de safran, dissous dans 1 cuillère à soupe de lait

5 gros oignons, tranchés et frits

Pour la marinade :

200g/7oz de yaourt

1 cuillère à café de curcuma

1 cuillère à café de piment en poudre

1 cuillère à café de pâte de gingembre

1 cuillère à café de pâte d'ail

1 cuillère à café de sel

25 g/peu de feuilles de coriandre, hachées finement

25 g/peu de feuilles de menthe, finement hachées

Méthode

- Mélanger tous les ingrédients de la marinade et faire mariner les morceaux d'agneau avec ce mélange pendant 4 heures.
- Dans une casserole, mélanger l'eau avec le sel, les clous de girofle, la cannelle, la cardamome, les feuilles de laurier et les grains de poivre. Cuire à feu moyen pendant 5-6 minutes.
- Ajouter le riz égoutté. Cuire 5-7 minutes. Égoutter l'eau supplémentaire et mettre le riz de côté.
- Versez le ghee dans un grand plat résistant à la chaleur et placez la viande marinée dessus. Placer le riz en couche sur la viande.
- Saupoudrer le lait au safran et un peu de ghee sur la couche supérieure.
- Sceller la casserole avec du papier d'aluminium et couvrir avec un couvercle.
- Laisser mijoter 40 minutes.

- Retirer du feu et laisser reposer encore 30 minutes.
- Garnir le biryani avec les oignons. Servir à température ambiante.

Achari Gosht ki Biryani

(Mouton mariné Biryani)

Pour 4-6 personnes

Ingrédients

4 oignons de taille moyenne, hachés finement

Yaourt 400g/14oz

2 cuillères à café de pâte de gingembre

2 cuillères à café de pâte d'ail

1kg/2¼lb de mouton, coupé en morceaux de 5cm/2in

2 cuillères à café de graines de cumin

2 cc de graines de fenugrec

1 cuillère à café de graines d'oignon

2 cuillères à café de graines de moutarde

10 piments verts

6½ cuillères à soupe de ghee

50 g de feuilles de menthe finement hachées

100 g de feuilles de coriandre finement hachées

2 tomates, coupées en quartiers

750g/1lb 10oz de riz basmati, trempé pendant 30 minutes et égoutté

Sel au goût

3 clous de girofle

2 feuilles de laurier

5cm/2in cannelle

4 grains de poivre noir

Une grosse pincée de safran, dissous dans 1 cuillère à soupe de lait

Méthode

- Mélanger les oignons, le yaourt, la pâte de gingembre et la pâte d'ail ensemble. Faire mariner le mouton avec ce mélange pendant 30 minutes.
- Rôtir à sec le cumin, le fenugrec, l'oignon et les graines de moutarde ensemble. Pilez-les dans un mélange grossier.
- Fendre les piments verts et les farcir avec le mélange pilé. Mettre de côté.
- Faites chauffer 6 cuillères à soupe de ghee dans une casserole. Ajoutez le mouton. Faire sauter le mouton à feu moyen pendant 20 minutes. Assurez-vous que tous les côtés des morceaux de mouton sont également dorés.
- Ajouter les piments verts farcis. Continuez à cuire encore 10 minutes.
- Ajouter les feuilles de menthe, les feuilles de coriandre et les tomates. Bien mélanger pendant 5 minutes. Mettre de côté.
- Mélanger le riz avec le sel, les clous de girofle, les feuilles de laurier, la cannelle et les grains de poivre. Faire bouillir le mélange. Mettre de côté.

- Versez le reste du ghee dans un plat allant au four.
- Placez les morceaux de mouton frits sur le ghee. Disposer le riz étuvé en une couche sur le mouton.
- Verser le lait au safran sur le riz.
- Sceller le plat avec du papier d'aluminium et couvrir avec un couvercle. Cuire les biryani dans un four préchauffé à 200°C (400°F, gaz 6) pendant 8 à 10 minutes.
- Servir chaud.

Yakhni Pulao

(Pulao du Cachemire)

Pour 4 personnes

Ingrédients

600g/1lb 5oz de mouton, coupé en morceaux de 2.5cm/1in

2 feuilles de laurier

10 grains de poivre noir

Sel au goût

1,7 litres/3 pintes d'eau chaude

5 cuillères à soupe d'huile végétale raffinée

4 clous de girofle

3 gousses de cardamome verte

2,5 cm/1 po de cannelle

1 cuillère à soupe de pâte d'ail

1 cuillère à soupe de pâte de gingembre

3 gros oignons, hachés finement

500g/1lb 2oz de riz basmati, trempé pendant 30 minutes et égoutté

1 cuillère à café de cumin moulu

2 cuillères à café de coriandre moulue

200g/7oz de yaourt, fouetté

1 cuillère à café de garam massala

60 g d'oignons coupés en rondelles et frits

4-5 raisins secs frits

½ concombre, tranché

1 tomate, tranchée

1 œuf, dur et tranché

1 poivron vert, tranché

Méthode

- Ajouter le mouton, les feuilles de laurier, les grains de poivre et le sel à l'eau. Cuire ce mélange dans une casserole à feu moyen pendant 20-25 minutes.
- Égoutter le mélange de mouton et réserver. Réservez le bouillon.
- Chauffer l'huile dans une casserole. Ajouter les clous de girofle, la cardamome et la cannelle. Laissez-les crachoter pendant 15 secondes.
- Ajouter la pâte d'ail, la pâte de gingembre et les oignons. Faites-les frire à feu moyen jusqu'à coloration.
- Ajouter le mélange de mouton. Faire frire 4 à 5 minutes en remuant à intervalles réguliers.
- Ajouter le riz, le cumin, la coriandre, le yaourt, le garam masala et le sel. Remuer légèrement.
- Ajouter le bouillon de mouton, avec suffisamment d'eau chaude pour se tenir à 2,5 cm au-dessus du niveau du riz.
- Laisser mijoter le pulao pendant 10-12 minutes.

- Garnir avec les rondelles d'oignon, les raisins secs, le concombre, la tomate, l'œuf et le poivron vert. Servir chaud.

Hyderabadi Biryani

Pour 4 personnes

Ingrédients

1kg/2¼lb de mouton, coupé en morceaux de 3,5cm/1½in

2 cuillères à café de pâte de gingembre

2 cuillères à café de pâte d'ail

Sel au goût

6 cuillères à soupe d'huile végétale raffinée

Yaourt 500g/1lb 2oz

2 litres/3½ pintes d'eau

2 grosses pommes de terre, pelées et coupées en quartiers

750g/1lb 10oz de riz basmati, étuvé

1 cuillère à soupe de ghee, chauffé

Pour le mélange d'épices :

4 gros oignons, tranchés finement

3 clous de girofle

2,5 cm/1 po de cannelle

3 gousses de cardamome verte

2 feuilles de laurier

6 grains de poivre

6 piments verts

50 g de feuilles de coriandre écrasées

2 cuillères à café de jus de citron

1 cuillère à soupe de cumin moulu

1 cuillère à café de curcuma

1 cuillère à soupe de coriandre moulue

Méthode

- Faire mariner le mouton avec la pâte de gingembre, la pâte d'ail et le sel pendant 2 heures.
- Mélanger tous les ingrédients du mélange d'épices ensemble.
- Chauffer l'huile dans une casserole. Ajouter le mélange d'épices et faire revenir à feu moyen pendant 5-7 minutes.
- Ajouter le yaourt, le mouton mariné et 250 ml d'eau. Laisser mijoter 15-20 minutes en remuant de temps en temps.
- Ajouter les pommes de terre, le riz et le reste de l'eau. Laisser mijoter 15 minutes.
- Verser le ghee sur le riz et couvrir hermétiquement avec un couvercle.
- Laisser mijoter jusqu'à ce que le riz soit cuit. Servir chaud.

Biryani aux légumes

Pour 4 personnes

Ingrédients

4 cuillères à soupe d'huile végétale raffinée

2 gros oignons, tranchés finement

1 cuillère à soupe de pâte de gingembre

1 cuillère à soupe de pâte d'ail

6 grains de poivre

2 feuilles de laurier

3 gousses de cardamome verte

2,5 cm/1 po de cannelle

3 clous de girofle

1 cuillère à café de curcuma

1 cuillère à soupe de coriandre moulue

6 piments rouges, moulus

50 g de noix de coco fraîche, râpée

200g/7oz de légumes mélangés surgelés

2 tranches d'ananas, hachées finement

10-12 noix de cajou

200g/7oz de yaourt

Sel au goût

750g/1lb 10oz de riz basmati, étuvé

Un peu de colorant alimentaire jaune

4 cuillères à café de ghee

1 cuillère à soupe de cumin moulu

3 cuillères à soupe de feuilles de coriandre finement hachées

Méthode

- Chauffer l'huile dans une casserole. Ajouter tous les oignons, la pâte de gingembre et la pâte d'ail. Faire revenir le mélange à feu moyen jusqu'à ce que les oignons deviennent translucides.
- Ajouter les grains de poivre, les feuilles de laurier, la cardamome, la cannelle, les clous de girofle, le curcuma, la coriandre moulue, les piments rouges et la noix de coco. Bien mélanger. Faire revenir 2-3 minutes en remuant de temps en temps.
- Ajouter les légumes, l'ananas et les noix de cajou. Faire revenir le mélange pendant 4 à 5 minutes.
- Ajouter le yaourt. Remuez bien pendant une minute.
- Étalez le riz en une couche sur le mélange de légumes et saupoudrez le dessus de colorant alimentaire.
- Faites chauffer le ghee dans une autre petite casserole. Ajouter le cumin moulu. Laissez-le crachoter pendant 15 secondes.
- Versez-le directement sur le riz.

- Couvrir avec un couvercle et s'assurer qu'aucune vapeur ne s'échappe. Cuire à feu doux pendant 10-15 minutes.
- Décorez avec les feuilles de coriandre. Servir chaud.

Kale Moti ki Biryani

(Noir entier Biryani Gramme)

Pour 4 personnes

Ingrédients

500g/1lb 2oz de riz basmati, trempé pendant 30 minutes et égoutté

500 ml de lait

1 cuillère à café de garam massala

500 ml/16 fl oz d'eau

Sel au goût

75g/2½oz de ghee

2 cuillères à café de pâte de gingembre

2 cuillères à café de pâte d'ail

3 piments verts, coupés dans le sens de la longueur

6 grosses pommes de terre, pelées et coupées en quartiers

2 tomates, hachées finement

½ cuillère à café de piment en poudre

⅓ c: Curcuma

200g/7oz de yaourt

300g/10oz de haricots urad*, cuit

1 cuillère à café de safran, trempé dans 60 ml de lait

25 g/peu de feuilles de coriandre, hachées finement

10 g/¼oz de feuilles de menthe, finement hachées

2 gros oignons, tranchés et frits

3 gousses de cardamome verte

5 clous de girofle

2,5 cm/1 po de cannelle

1 feuille de laurier

Méthode

- Cuire le riz avec le lait, le garam masala, l'eau et le sel dans une casserole à feu moyen pendant 7-8 minutes. Mettre de côté.
- Faites chauffer le ghee dans un plat allant au four. Ajouter la pâte de gingembre et la pâte d'ail. Faire revenir à feu moyen pendant une minute.
- Ajouter les piments verts et les pommes de terre. Faites frire le mélange pendant 3-4 minutes.
- Ajouter les tomates, la poudre de piment et le curcuma. Bien mélanger. Faire frire 2-3 minutes en remuant fréquemment.
- Ajouter le yaourt. Remuez soigneusement pendant 2-3 minutes.
- Ajouter les haricots urad. Cuire à feu doux pendant 7 à 10 minutes.

- Saupoudrer les feuilles de coriandre, les feuilles de menthe, les oignons, la cardamome, les clous de girofle, la cannelle et le laurier sur les haricots.
- Répartir le riz cuit uniformément sur le mélange de haricots. Verser le lait au safran sur le riz.
- Sceller avec du papier d'aluminium et couvrir avec un couvercle.
- Cuire les biryani au four à 200°C (400°F, gaz 6) pendant 15-20 minutes. Servir chaud.

Haché & Masoor Pulao

(Émincé et lentilles rouges entières avec riz pilaf)

Pour 4 personnes

Ingrédients

6 cuillères à soupe d'huile végétale raffinée

2 clous de girofle

2 gousses de cardamome verte

6 grains de poivre noir

2 feuilles de laurier

2,5 cm/1 po de cannelle

1 cuillère à café de pâte de gingembre

1 cuillère à café de pâte d'ail

1 gros oignon, haché finement

2 piments verts, hachés finement

1 cuillère à café de piment en poudre

½ cuillère à café de curcuma

2 cuillères à café de coriandre moulue

1 cuillère à café de cumin moulu

500g/1lb 2oz d'agneau haché

150g/5½oz de masoor entier*, trempé pendant 30 minutes et égoutté

250g/9oz de riz à grains longs, trempé pendant 30 minutes et égoutté

750 ml/1 pintes d'eau chaude

Sel au goût

10 g/¼oz de feuilles de coriandre, finement hachées

Méthode

- Chauffer l'huile dans une casserole. Ajouter les clous de girofle, la cardamome, les grains de poivre, les feuilles de laurier, la cannelle, la pâte de gingembre et la pâte d'ail. Faites frire ce mélange à feu moyen pendant 2-3 minutes.
- Ajouter l'oignon. Faire revenir jusqu'à ce qu'il devienne translucide.
- Ajouter les piments verts. Frire pendant une minute.
- Ajouter la poudre de piment, le curcuma, la coriandre moulue et le cumin. Remuer pendant 2 minutes.
- Ajouter le hachis, le masoor et le riz. Faites bien revenir à feu moyen pendant 5 minutes en remuant légèrement à intervalles réguliers.
- Ajouter l'eau chaude et le sel.
- Couvrir avec un couvercle et laisser mijoter 15 minutes.
- Garnir le pulao avec les feuilles de coriandre. Servir chaud.

Poulet Biryani

Pour 4 personnes

Ingrédients

1kg/2¼lb de poulet sans peau avec les os, coupé en 8 morceaux

6 cuillères à soupe d'huile végétale raffinée

10 noix de cajou

10 raisins secs

500g/1lb 2oz de riz basmati, trempé pendant 30 minutes et égoutté

3 clous de girofle

2 feuilles de laurier

5cm/2in cannelle

4 grains de poivre noir

Sel au goût

4 gros oignons, tranchés finement

250 ml/8 fl oz d'eau

2½ cuillères à soupe de ghee

Une grosse pincée de safran, dissous dans 1 cuillère à soupe de lait

Pour la marinade :

1½ cuillère à café de pâte d'ail

1½ cuillère à café de pâte de gingembre

3 piments verts, hachés finement

1 cuillère à café de garam massala

1 cuillère à café de poivre noir moulu

1 cuillère à soupe de coriandre moulue

2 cuillères à café de cumin moulu

Yaourt 125g/4½oz

Méthode

- Mélanger tous les ingrédients de la marinade ensemble. Faire mariner le poulet avec ce mélange pendant 3-4 heures.
- Faites chauffer 1 cuillère à soupe d'huile dans une petite casserole. Ajouter les noix de cajou et les raisins secs. Faire frire à feu moyen jusqu'à coloration. Égoutter et réserver.
- Faire bouillir le riz égoutté avec les clous de girofle, les feuilles de laurier, la cannelle, les grains de poivre et le sel. Mettre de côté.
- Faites chauffer 3 cuillères à soupe d'huile dans une casserole. Ajouter les morceaux de poulet et faire revenir à feu moyen pendant 20 minutes, en retournant de temps en temps. Mettre de côté.
- Faites chauffer le reste de l'huile dans une autre casserole. Ajouter les oignons et les faire revenir à feu moyen jusqu'à coloration.
- Ajouter les morceaux de poulet frit. Faites-les cuire encore 5 minutes à feu moyen.
- Ajouter l'eau et laisser mijoter jusqu'à ce que le poulet soit cuit. Mettre de côté.

- Versez 2 cuillères à soupe de ghee dans un plat allant au four. Ajouter le mélange de poulet. Disposer le riz en une couche sur le poulet.

- Versez le lait au safran sur le dessus et ajoutez le reste du ghee.

- Sceller avec du papier d'aluminium et couvrir hermétiquement avec un couvercle.

- Cuire au four à 200°C (400°F, gaz 6) pendant 8 à 10 minutes.

- Garnir avec les noix de cajou frites et les raisins secs. Servir chaud.

Biryani aux crevettes

Pour 6 personnes

Ingrédients

600g/1lb 5oz de grosses crevettes, nettoyées et déveinées

Sel au goût

1 cuillère à café de curcuma

250 ml/8 fl oz d'huile végétale raffinée

4 gros oignons, tranchés

4 tomates, hachées finement

2-3 pommes de terre, pelées et coupées en dés

50 g de feuilles de coriandre finement hachées

25 g/peu de feuilles de menthe, finement hachées

200g/7oz de yaourt

2 piments verts, hachés

450g/1lb de riz basmati cuit à la vapeur (voir ici)

Pour le mélange d'épices :

4 clous de girofle

2,5 cm/1 po de cannelle

3 gousses de cardamome verte

4 grains de poivre noir

2-3 piments verts

¼ noix de coco fraîche, râpée

4 piments rouges

12 gousses d'ail

1 cuillère à café de cumin

1 cc de coriandre

Méthode

- Broyer grossièrement tous les ingrédients du mélange d'épices. Mettre de côté.
- Mélanger les crevettes avec le sel et le curcuma. Mettre de côté.
- Faites chauffer 2 cuillères à soupe d'huile dans une casserole. Ajouter les oignons et les faire revenir à feu moyen jusqu'à ce qu'ils brunissent. Mettre de côté.
- Faites chauffer le reste d'huile dans une casserole. Ajouter la moitié des oignons frits avec le mélange d'épices moulues. Bien mélanger et faire revenir à feu moyen pendant une minute.
- Ajouter les tomates, les pommes de terre, le sel et les crevettes. Cuire le mélange pendant 5 minutes.
- Ajouter la coriandre, les feuilles de menthe, le yaourt et les piments verts. Bien mélanger. Laisser mijoter 10 minutes en remuant légèrement à intervalles fréquents. Mettre de côté.
- Dans une grande casserole, disposer le mélange de riz et de crevettes en couches alternées. Terminez par une couche de riz.

- Saupoudrer les oignons restants dessus, couvrir avec un couvercle et laisser mijoter pendant 30 minutes. Servir chaud.

Biryani de pommes de terre aux œufs

Pour 4-5 personnes

Ingrédients

5 cuillères à soupe d'huile végétale raffinée

3 clous de girofle

2,5 cm/1 po de cannelle

3 gousses de cardamome verte

2 feuilles de laurier

6 grains de poivre

3 gros oignons, tranchés finement

3 grosses tomates, hachées finement

Sel au goût

cc de curcuma

200g/7oz de yaourt

3 grosses pommes de terre, pelées, coupées en quartiers et frites

6 œufs, bouillis et coupés en deux dans le sens de la longueur

300g/10oz de riz basmati cuit à la vapeur

2 cuillères à soupe de ghee

1 cuillère à soupe de graines de cumin

Un peu de colorant alimentaire jaune

Pour la pâte :

1 cuillère à soupe de graines de sésame blanches

4-5 piments rouges

8 gousses d'ail

5cm/2in racine de gingembre

2-3 piments verts

50 g de feuilles de coriandre

1 cuillère à soupe de graines de coriandre

Méthode

- Broyer ensemble tous les ingrédients de la pâte avec suffisamment d'eau pour former une pâte épaisse. Mettre de côté.
- Chauffer l'huile dans une casserole. Ajouter tous les clous de girofle, la cannelle, la cardamome, les feuilles de laurier et les grains de poivre. Laissez-les crachoter pendant 30 secondes.
- Ajouter les oignons. Faites-les frire à feu moyen jusqu'à ce qu'ils deviennent translucides.
- Ajouter la pâte avec les tomates, le sel et le curcuma. Faire frire 2-3 minutes en remuant de temps en temps.
- Ajouter le yaourt. Cuire le mélange à feu moyen en remuant fréquemment.
- Ajouter les pommes de terre. Bien les mélanger pour les enrober de sauce.
- Ajouter délicatement les morceaux d'œufs, côté jaune vers le haut.

- Répartir le riz sur les morceaux d'œufs. Mettez cet arrangement de côté.
- Faites chauffer le ghee dans une petite casserole. Ajouter les graines de cumin. Laissez-les crachoter pendant 15 secondes.
- Versez ce mélange directement sur le riz.
- Saupoudrez le colorant alimentaire dessus et couvrez la casserole avec un couvercle.
- Laisser mijoter pendant 30 minutes. Servir chaud.

Émincer le poulao

(Agneau Haché avec Riz Pilau)

Pour 4 personnes

Ingrédients

5 cuillères à soupe d'huile végétale raffinée

2 clous de girofle

2 gousses de cardamome verte

6 grains de poivre noir

2 feuilles de laurier

2,5 cm/1 po de cannelle

1 gros oignon, haché finement

1 cuillère à café de pâte de gingembre

1 cuillère à café de pâte d'ail

2 piments verts, hachés finement

2 cuillères à café de coriandre moulue

1 cuillère à café de piment en poudre

½ cuillère à café de curcuma

1 cuillère à café de cumin moulu

500g/1lb 2oz d'agneau haché

350g/12oz de riz à grains longs, trempé pendant 30 minutes dans l'eau et égoutté

750 ml/1¼fl oz d'eau chaude

Sel au goût

10 g/¼oz de feuilles de coriandre, finement hachées

Méthode

- Chauffer l'huile dans une casserole. Ajouter les clous de girofle, la cardamome, les grains de poivre, les feuilles de laurier et la cannelle. Laissez-les crachoter pendant 15 secondes.
- Ajouter l'oignon. Faire frire à feu moyen jusqu'à ce qu'il soit translucide.
- Ajouter la pâte de gingembre, la pâte d'ail, les piments verts, la coriandre moulue, la poudre de piment, le curcuma et le cumin moulu.
- Frire pendant 2 minutes. Ajouter le hachis et le riz. Faites sauter ce mélange pendant 5 minutes.
- Ajouter l'eau chaude et le sel.
- Couvrir avec un couvercle et laisser mijoter 15 minutes.
- Garnir le pulao avec les feuilles de coriandre. Servir chaud.

Chana Pulao

(Pois Chiches avec Riz Pilau)

Pour 4 personnes

Ingrédients

2 cuillères à soupe d'huile végétale raffinée

1 cuillère à café de graines de cumin

1 gros oignon, haché finement

1 cuillère à café de pâte de gingembre

1 cuillère à café de pâte d'ail

2 piments verts, hachés finement

300g/10oz de pois chiches en conserve

300g/10oz de riz à grains longs, trempé pendant 30 minutes et égoutté

Sel au goût

250 ml/8 fl oz d'eau

Méthode

- Chauffer l'huile dans une casserole. Ajouter les graines de cumin. Laissez-les crachoter pendant 15 secondes.
- Ajouter l'oignon, la pâte de gingembre, la pâte d'ail et les piments verts. Faites frire ce mélange à feu moyen pendant 2-3 minutes.

- Ajouter les pois chiches et le riz. Faire sauter pendant 4-5 minutes.
- Ajouter le sel et l'eau. Cuire le pulao à feu moyen pendant une minute.
- Couvrir avec un couvercle et laisser mijoter 10-12 minutes.
- Servir chaud.

Khichdi simple

(Mélange de Riz et Lentilles)

Pour 4 personnes

Ingrédients

1 cuillère à soupe de ghee

1 cuillère à café de graines de cumin

2 piments verts, coupés dans le sens de la longueur

250g/9oz de riz à grains longs

150g/5½oz mung dhal*

1 litre/1¾ pintes d'eau chaude

Sel au goût

Méthode

- Faites chauffer le ghee dans une casserole. Ajouter les graines de cumin et les piments verts. Laissez-les crachoter pendant 15 secondes.
- Ajouter le riz et le mung dhal. Faire sauter pendant 5 minutes.
- Ajouter l'eau chaude et le sel. Bien mélanger. Couvrir avec un couvercle. Laisser mijoter le khichdi pendant 15 minutes – il devrait avoir une consistance semblable à de la bouillie.
- Servir chaud.

Riz Masala

(Riz Épicé)

Pour 4 personnes

Ingrédients

6 cuillères à soupe d'huile végétale raffinée

½ cuillère à café de graines de moutarde

10 feuilles de curry

2 piments verts, coupés dans le sens de la longueur

cc de curcuma

2 gros oignons, tranchés finement

½ cuillère à café de piment en poudre

2 cuillères à café de jus de citron

Sel au goût

300g/10oz de riz à grains longs cuit à la vapeur

1 cuillère à soupe de feuilles de coriandre hachées

Méthode

- Chauffer l'huile dans une casserole. Ajouter les graines de moutarde, les feuilles de curry et les piments verts. Laissez-les crachoter pendant 15 secondes. Ajouter le curcuma et les oignons. Faire revenir le mélange à feu moyen jusqu'à ce que les oignons soient dorés.

- Ajouter le reste des ingrédients, sauf la coriandre. Remuez doucement à feu doux pendant 5 minutes. Décorez avec les feuilles de coriandre. Servir chaud.

Riz à l'Oignon

Pour 4 personnes

Ingrédients

5 cuillères à soupe d'huile végétale raffinée

½ cuillère à café de graines de moutarde

½ cuillère à café de cumin

4 oignons de taille moyenne, tranchés finement

3 piments verts, hachés finement

5 gousses d'ail, hachées finement

300g/10oz de riz basmati cuit à la vapeur

Sel au goût

60 ml d'eau

10 g/¼oz de feuilles de coriandre, hachées

Méthode

- Chauffer l'huile dans une casserole. Ajouter les graines de moutarde et le cumin. Laissez-les crachoter pendant 15 secondes.
- Ajouter les oignons, les piments verts et l'ail. Faire revenir ce mélange à feu moyen jusqu'à ce que les oignons soient translucides.

- Ajouter le riz, le sel et l'eau. Cuire à feu moyen pendant 5-7 minutes.
- Garnir le riz à l'oignon avec les feuilles de coriandre. Servir chaud.

Riz à la vapeur

Pour 4 personnes

Ingrédients

375g/13oz de riz à grains longs ou basmati

750 ml/1¼ pintes d'eau

Méthode

- Bien laver le riz.
- Faites chauffer l'eau dans une casserole. Ajouter le riz et cuire à feu vif pendant 8 à 10 minutes.
- Pressez légèrement un grain de riz entre votre pouce et votre index pour vérifier s'il est cuit.
- Retirer du feu et égoutter dans une passoire. Servir chaud.

CPSIA information can be obtained
at www.ICGtesting.com
Printed in the USA
BVHW092024260722
643032BV00012B/425